情緒轉向

生活中[illegible]溫馨故事與心靈醒悟

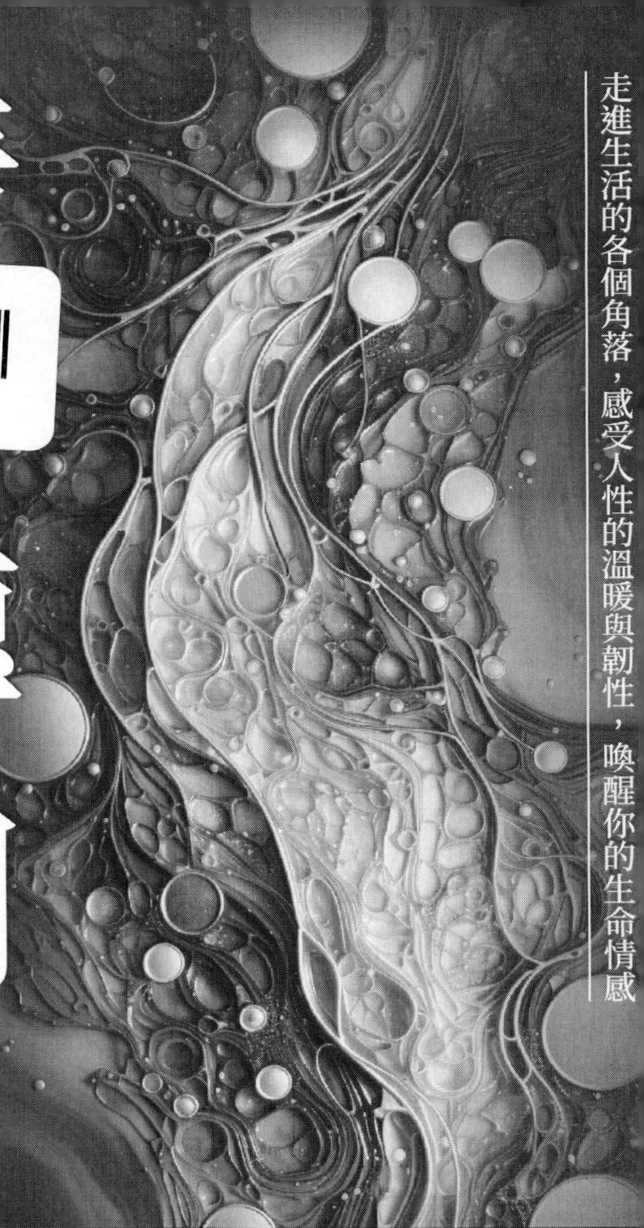

走進生活的各個角落，感受人性的溫暖與韌性，喚醒你的生命情感

林庭峰 著

從繁華到平淡，從挫折到領悟，
與你一起經歷生命的轉彎，學會感恩與堅韌。

體驗人生中的點點滴滴，學會感恩，擁抱每一刻的生活。
從生活小故事中領悟大智慧，喚醒內心，探索人生的意義與價值。

目錄

PART 1 敞開心靈的柵欄

PART 2 人生必要的喪失

PART 3 諒解是通向神殿的門檻

默許傷害
你若任人欺凌，就表示你毫不在意

PART 6 學會情緒轉向

PART 7 掛起幸福的黃手帕

默許傷害

你若任人欺凌，就表示你毫不在意

PART 1 敞開心靈的柵欄

生活原本是一個變化的過程，我們要調整自己的步伐，緊跟其後，才不至於將自己引進一個死巷子。

生活永遠充滿著燦爛的陽光，我們要永遠敞開心靈的門窗，才不會將自己迷失在黑暗裡，寂寞難耐。

在心靈周圍設一堵牆，你會將自己遺失在世界的角落。如果你能敞開心靈的柵欄，向所有的人開放，你就能獲得整個世界。

★請別把柵欄門關上

我並不覺得自己是一個多愁善感的人，生活的磨練早已經讓我失去了應有的激情。人和人之間的關係如果與利益掛鉤，那麼就會很少為別人的事情多做考慮。也許，我還是應該相信溫情的存在，可是在我的另一半去世之後，我再也沒有見過類似的場景出現在我生命中。

有朋友說我開始變得孤獨，因為我似乎再也沒有和他們一起去海邊享受奢侈的日光浴。其實，我只是憎恨生活的不公平。在我正當年華燦爛的時候，另一半的去世，成了我一生永久的傷痛。朋友們身邊都有一個可以依靠的肩膀，而我只能在勞累的時候，枕著自己的影子休息。

所以我只有更加努力，才能讓物質生活變得充裕。你可以譏諷我的世俗，你可以嘲笑我的功利，但是只有我自己才知道一個事實，那就是如果不這樣，我就會成為街上人人討厭的要飯乞丐。

有時候，我也會願意相信別人，願意和別人討論關於我的一切，可是這只能是一個願望而已，有誰願意和一個正在老去的老人家談論呢？

這個小鎮是什麼時候開始存在，也許早已經沒有記載，但是在我家斜對面的那棟老式建築的年歲，絕對不會比我奶奶的年紀小。每天早晨在我開車去上班的時候，都會經過這棟大房子。小鎮的道路越來越寬，這棟房子也就不斷被周邊現代化的建築蠶食鯨吞，我似乎能夠看到它被一口吞掉的場景。有時候，我會不經意地看見屋子裡面有人影晃動，但殘破的氣象已經很難掩

PART1 敞開心靈的柵欄

請別把柵欄門關上

飾。

可是這又和我有什麼關係呢？我只是偶爾經過這裡罷了。我繼續過我的日子，那棟老房子也繼續著它的頹敗。平行線總是互不相干，這早已經成為金科玉律。

然而，就在街口樹立起紅綠燈的時候，我卻發現這棟老房子也在逐漸變化。似乎是故意要與小鎮的城市化相背離，在老房子前面不大的草坪周邊，一道嶄新的木柵欄被樹立起來。在柵欄裡面，再也不是千篇一律的草地了，而是換成了各種鮮豔的花朵。每天早晨，我都會看到有一個身材瘦小的女人在清掃著枯枝和落葉，然後再小心翼翼侍奉著那些我連名字都不知道的花。

我天天經過這裡，自然它也就成了我上班路上不可或缺的一道風景線。

後來，我才知得知一個震驚的消息，那棟老房子的女主人在不久前死了丈夫。可是令我納悶的是，為什麼她的丈夫去世了，她卻還有這種閒情逸致弄那些花花草草。不管怎麼說，同樣的遭遇，使我覺得和她之間的距離不再像想像的那麼遙遠。也許，她是苦於無人傾訴心中的苦悶呢？

一個人生活的痛苦並不像人們說的那樣簡單，只有真正體會之後，才會明白這份孤寂的重量。破天荒，我決定和她說上一兩句話。也許她並不想要和人交往，但是如果我的話能夠使她稍微好受一點，那麼就把這當作是上帝的恩賜吧。

默許傷害
你若任人欺凌，就表示你毫不在意

終於，我把車停在路邊。然而，突然之間我卻發覺自己無法邁出這一步。我早已經習慣一個人的生活，即便我有幫助她的想法，可是真正要去做的時候，才發現自己根本就不知道如何開口去和別人交流。我在柵欄外面躊躇著，正在思考要不要回到車上趕緊離開。

刷成白色的木柵欄在鋼筋水泥的叢林中顯得如此刺眼，木匠高超的手藝更使它獨有一份田園般的悠閒。下午的陽光透過樹蔭跑進院子裡，如此迫不及待要去與花草戲弄一番。百般糾結下，我做了此生最艱難的一次決定。我決定離開，不去打擾別人的生活。只有這樣，我才能安心，才能保守自己的一片心靈田地。

那一片我自以為美好的心靈家園，就在這一刻，沉重落下了閘門。

「親愛的，你好。」女主人看到了我徘徊的身影，竟然主動在向我打招呼。

她一定是發現了我，我該怎麼辦？「啊，你好，我只是在欣賞你的柵欄，請你別介意，我這就離開。」我慌慌張張地打開車門，想要逃離這尷尬的境遇。

女主人卻十分大方：「沒關係，朋友。請你進來欣賞吧。或許你願意聽我講一講關於柵欄的故事。」

我心中升起一絲欣喜。當我忐忑邁進柵欄裡面的時候才發現，從院子裡面看到的景色，竟然另有一番風情。

「這個柵欄其實並不是為了防止外人進來。」女主人說，「雖然我一個人生活，但是每天都有很多人從我的房前經過。我知道，人們都喜歡美好的東西，好多人看到這麼漂亮的柵欄以及我種的花草之後，都會停留一下子。這使我覺得很高興。能給別人帶來快樂這件事，本身就很快樂。」

我點了點頭，暗暗佩服女主人的豁達心態。「可是面前這條路在不斷地拓寬，難道你不介意自家的院子變小了嗎？」

「人這一生啊，哪能總是順順利利的呢？親愛的，當發生了你不喜歡的事情時，與其怨天尤人，反倒不如打開柵欄，歡迎所有的來訪者。」

那天下午，我們聊了很多。那是我另一半離開之後，我第一次對一個陌生人敞開心扉。這使我感受到前所未有的快樂。

然而，快樂的時光總是短暫的。當我起身告別的時候，女主人說：「我隨時都歡迎你再來。請別把柵欄門關上，我願意歡迎任何一個人進來喝茶聊天。」

我的手停留在散發著悠悠香氣的柵欄門上，聽著女主人最後的那句話，內心深處早就已經思緒翻湧。我覺得，在我那顆憤恨之心四周的圍牆已然轟然倒塌，取而代之的是潔白的木柵欄正在微微開啟。

★被迫獎勵的旅行

琳達從來沒有想到會有這麼一天。就算是她用盡了此生所有的想像力，那麼能夠呈現在她眼前的畫面，也只是自己渴望已久的家庭晚宴。在夢境中，有兒子在自己旁邊倒滿醉人的紅葡萄酒，還有漂亮的媳婦帶著小孫子坐在對面。哦，不，也許可以讓小孫子坐在自己身邊。桌上不需要太多的美食，因為琳達一生已經把節儉當成了習慣，或許只需要幾種簡單的水果做點綴，就已經可以讓她得到滿足。關鍵是有兒子的陪伴，這種幸福不是可以用語言來描述的。所以，每每在這個時候，琳達都會在睡夢中綻開燦爛的笑容。

她一直相信，自己的夢會成為現實。所以，即便在風雨交加的夜晚，即便在積滿了落雪的街角，即便是在酷熱難耐的盛夏，琳達從沒有放棄過自己的夢想。既然丈夫很早就已經離自己而去，她所能指望的人就只剩下年僅十歲的兒子了。琳達知道，自己一生受苦受難是因為從來沒有接受過正規的教育。所以，她不希望看到自己的悲劇在兒子身上重演。

在強烈信念的支撐下，琳達陪著兒子走過了二十個艱難困苦的歲月。

現在，她的兒子已經在一家相當不錯的公司上班了，而且結婚生子也是近在眼前的事情。琳達覺得自己的夢想馬上就要實現了，似乎一閉上眼睛就能看見兒子微笑著坐在自己的身邊，輕輕地為自己捶著早已經佝僂的背脊。想到這裡，琳達總會激動地流下淚水。

因為，她曾經經歷過黑夜的徬徨，所以在黎明來臨的時候，才會如此地不知所措，甚至略

PART1 敞開心靈的柵欄

被迫獎勵的旅行

帶慌張。

琳達每天都要去公園裡面散步，她要自己保持一副強健的體格去面對未來的美好生活。在她離退休還有三個月的時候，琳達給自己的兒子寫去了一封信，告訴他自己在退休之後就會飛往加州和他一起生活。在期待兒子回信的這段日子中，琳達把所有的行李都打好了包，然後又將自己的房產典當了出去。在她看來，一段新的生活已經迫不及待地將要開始了。

終於，望眼欲穿的琳達收到了兒子的回信，信中還夾著一張三萬美元的支票。琳達簡直不敢相信，因為兒子竟然給自己寄過來三萬美元去買飛機票。他真是一個好孩子，知道媽媽這些年來的不容易。琳達還沒有來得及去讀信上的內容，就已經又一次淚流滿面了。

然而，事情似乎並沒有順著琳達預期的方向發展。

當琳達努力抑制住心中的喜悅去讀信的時候，她萬萬沒有想到自己收到的竟然是一封絕情信。兒子在信中很清楚地說明這張支票的目的，他說他和女朋友並不歡迎琳達來和他們一起生活，這張支票是用市價計算之後付給琳達的撫養費用，並且為了感謝她，兒子還多給了琳達一萬美元。

琳達不敢相信自己看到的文字。一切都是假的，她像是瘋了一樣去咒罵兒子。自己辛辛苦苦幾十年，竟然培養出一個不孝子。這一刻，琳達的哭更像是一種訴說，訴說自己這麼些年來的不幸，訴說自己美夢落空後的失落與淒涼。可是，現在又應該怎麼辦呢？

琳達的心情沉重到了極點，她陷在深深的悲哀中難以自拔。每一天，琳達都會把自己和兒

默許傷害

你若任人欺凌，就表示你毫不在意

子的合照抱在胸前，看著窗外的太陽一點一點地從天空正中央落下去，然後再被無情的黑暗所淹沒。生活，這樣一個五味雜陳的名詞，對琳達來說似乎已經不具有任何意義。

這樣的日子漫長地讓人開始計算時光的短暫。

等她再一次想起漢堡的味道時，才發覺自己已經一天一夜滴水未進了。在本能的驅使下，琳達為自己做了一頓十分豐盛的飯食。像自己在過去的二十年中每天都在做的事情一樣，琳達把每一種食物都吃得乾乾淨淨，然後又把所有的碗盤都洗了一遍。看著早晨的陽光一點點爬進整潔的廚房，琳達突然明白了一件事情。

她覺得自己在過去的幾十年中一直在為別人活著。起先是為了丈夫，後來是為了兒子，而現在，再也沒有人值得她好去擔心了，為什麼不好好利用生命中剩下的時光，真正為自己活一次呢？

當她打開窗的時候，一隻小鳥悠然從窗前飛過，早晨略帶潮濕的空氣瞬間鋪滿了她整個臉龐。好吧，既然房產也已經典當了出去，那麼這個所謂的家也已經不值得留戀了。琳達把兒子寄給自己的三萬美元存了起來，拉上行李就出門了。

她要去尋求自己年輕時的夢想。當然，她已經不會再去想著和兒子一起生活了，現在的琳達正在進行著自費環球之旅。這才是她一生所期待的夢想。

當她看遍了大自然的神奇與偉大之後，琳達再一次給兒子寫了一封信。信中寫道：

我親愛的兒子：

PART1 敞開心靈的柵欄

被迫獎勵的旅行

你曾經讓我不要再寫信給你了，那麼就請你把這封信當成是最後一次告別吧。

感謝你給我寄來的三萬美元。當然，你不用擔心，我現在過得很好。我把你寄給我的養老費用來做環球旅行了，當然，也許你並不希望是這個結果。不過我仍要感謝你，是你讓我明白了自己的存在，讓我可以在有生之年還能夠真正為自己活一次。在偉大的自然面前，我才懂得當初對你的愛是多麼狹隘。

不再多說了，也許你已經感到厭煩。我只想要你知道我一切都好，如此足以。

愛你的母親

琳達在把信投進郵筒的一瞬間，迎著燦爛的陽光，綻放出了這一生最美的笑容。

★大衛夫婦與老人

富人有富人的幸福，貧窮的人家也有他們自己與眾不同的幸福存在著。也許，你覺得金錢才是最重要的，甚至你會覺得如果沒有了金錢，在這個社會上將會寸步難行。然而，大衛和安吉麗娜卻不這麼想。他們從出生的時候就在經歷著窮苦，長久的磨難使他們覺得，這個世界上最幸福的事情也許就是今天的晚飯不用再吃白菜、煮白菜這麼簡單。大衛曾經許諾要給安吉麗娜幸福，可如今他們的幸福就像是鍋子裡面的土豆一樣，永遠都是那一種不變的味道。

「親愛的，也許在今年的耶誕節你會想要一點與眾不同的禮物。」大衛對安吉麗娜說。

安吉麗娜看了一下全是補丁的衣服，笑著說：「我知道，親愛的，你想要給我一個驚喜。可是我覺得我們都平平安安，才是最大的驚喜。」

窗外的雪花不失時機地從天上飄落，又是那麼湊巧地掉落在安吉麗娜的臉頰上。大衛溫柔的一吻，瞬間融化了安吉麗娜心底的勞累和苦難。

「哦，也許，我是這個世界上最幸福的女人。」安吉麗娜在大衛的懷裡面溫柔地說。

正在這時，一陣急促但很輕微的敲門聲響了起來。

安吉麗娜打開門一看，一個衣衫襤褸的老人站在門外。

老人哆嗦著凍僵的嘴唇說：「親愛的夫人，我剛搬到這裡，就住在街對面。也許你們需要一些新鮮的蔬菜……」話還沒有說完，老人的目光就落在安吉麗娜綴著補丁的圍裙上。剎那間，

PART1 敞開心靈的柵欄

大衛夫婦與老人

老人滿是期待的眼神黯淡了下來。

安吉麗娜先是一驚，緊接著馬上明白了發生的事情。她微笑著在老人提著的筐子裡面挑選了一下，說：「這些胡蘿蔔還很新鮮，也許我們需要一些。大衛，你可以幫我拿幾個零錢給這位老人嗎？」

大衛本打算趕走這位「乞丐推銷員」，但是看到妻子熱心地與他搭訕起來，心中很不愉快。不過，礙於妻子的情面，大衛還是給了老人幾枚零錢。

「謝謝你們，你們真是好人。上帝一定會保佑你們的。」老人顯然沒有預料到這個結果。他走出好遠的時候，還在不停地回望著大衛和安吉麗娜的家門。而安吉麗娜也一直在朝著老人揮手，直到他消失在另一條街的轉角處。

「親愛的，你怎麼……」

安吉麗娜把手指輕輕放在大衛的嘴邊，說：「你知道嗎，當年我爸爸也是這樣賺錢養家的！」

大衛緊緊地把妻子抱在懷裡面，緊緊地。他知道妻子從小就受了很多苦，而自己又無法給她想要的幸福。大衛陷進了深深的自責中，責怪自己剛才的無禮，相對於那位老人來說，他們的生活已經是如此幸福了，為什麼不能把自己的幸福拿出來一點分享給別人呢？

在安吉麗娜的建議下，他們夫妻兩人在傍晚的時候敲響了老人的房門。這一次，安吉麗娜做了滿滿一鍋熱湯給老人送來。他們踏過厚厚積雪而留下一長串的腳印，串聯起了兩個家庭的溫情。

從此之後，每天清晨，安吉麗娜都會準時聽到咚咚的敲門聲。老人總是面帶微笑地把最新鮮的蔬菜給安吉麗娜送來。此時，安吉麗娜一定會在廚房準備好一鍋熱湯，給老人盛上滿滿一碗，以幫他趕走冬天的寒冷。

這樣的日子在不知不覺中已經過去一個月了，天氣越來越冷，街上聖誕的氣息也卻越來越濃。安吉麗娜擔心老人會被凍壞了，於是便和大衛商議從自己的積蓄中拿出一部分錢，出門給老人購買了一件新棉衣。大衛不想看到妻子失望，點頭同意了。

很快，棉衣就買回來了。安吉麗娜還用剩下的零錢買了一直鮮豔的玫瑰花。他們趁老人還沒有回來的一點時間，把棉衣用袋子裝好放到了老人家門口。最後，安吉麗娜輕輕地在玫瑰花上面吻了一下，然後把花放在了袋子上面。他們並不想讓老人知道這是他們送給他的聖誕禮物。也許，這種偷偷摸摸的方式才是他最容易接受的。否則，很有可能會傷到他敏感的自尊心。

安吉麗娜很高興。他們破天荒地從商店裡面買了一些肉回來，這個耶誕節雖然他們彼此都沒有收到對方的禮物，但是大衛和安吉麗娜一致認為，這是他們過得最有意義的一個耶誕節。

然而，正當他們要開飯的時候，又響起了咚咚的敲門聲。安吉麗娜剛把門打開，老人就迫不及待地走進了屋子裡面。他的懷裡抱著一個包裹，臉上帶著神秘的微笑說：「孩子們，我想一定是聖誕老人來過了。這是我在屋子門口發現的棉衣，還是全新的。」安吉麗娜已經認出了那是自己送給老人的衣服，於是就要向他解釋事情的經過。老人打斷了她，繼續說：「孩子們，平時你們總是幫助我，今天我想把這件棉衣送給大衛。我一個老頭子，早就冷習慣了，我想也許大衛上夜班的時候用得到。」

大衛和安吉麗娜都沒有想到老人會把棉衣送給自己，一時間驚得不知道應該說什麼。

突然，老人神情羞澀地從口袋裡面拿出那只玫瑰花，對安吉麗娜說：「孩子，我想把……把這個也……送給你，我撒了一些水在上面，這樣，它看起來會更加鮮豔。你們都是好人，我老頭子永遠不會忘記你們的。」

那只嬌豔的玫瑰花上面的水滴，在燭光的映照下閃閃發亮。就像是安吉麗娜播種下的晶瑩的愛的種子一樣，在這寒冷的耶誕節生根發芽，開出了她這一生從來沒有見過的美麗鮮花。

此刻，幸福距離他們如此之近，近到伸手就可以觸摸到它的呼吸。

安吉麗娜拿著那只玫瑰花，在寒冷的冬夜裡面，流下了溫暖的淚水。

★ 我願為你而彎腰

在加拿大魁北克漫長的山谷之中，布萊恩正開著車向前行駛。車中坐著他的妻子凱茲婭，然而，兩個人均是面目無表情，一如車窗外荒涼的風景一般，兩人彼此之間沒有一句交流，僵硬的氣氛幾乎讓汽車發動機都想要停止呼吸的聲音。

這條山谷沒有其他特別之處，唯一引人注目的是它東西兩側植被的不同。在它的西坡，長滿了松柏等樹木；而在它的東坡，則只有雪松。沒有人去想過為什麼在一座山的兩面會有不同的風景，好似一切都只是大自然造物主的主張。也許，曾有人對此進行過研究，但是均無可避免地迎來了失敗的結果。

布萊恩和凱茲婭結婚十年了。他們一直以為可以白頭偕老，在婚禮上的旦旦誓言伴隨兩個人走過了十個年頭。然而，當初的激情被時間無情地磨蝕而去。當布萊恩日日醉酒回家，當凱茲婭天天大吵大鬧的時候，他們兩人忽然間發現，原來一直在努力維繫著的婚姻早已經一步步地走到了崩潰的邊緣。即便布萊恩誓言要戒酒，而凱茲婭也發誓要做一個賢妻良母，然而所有的罪惡都已經在內心滋長，任何挽回的方法都在傷心欲絕的時候變得如此無力。雖然兩個人都不想看到最後的結果，但是這是他們必須要接受的現實——離婚。

他們協定，在婚姻的最後時候，一起去他們嚮往已久的峽谷，在夢想最美的地方，結束所有的情緣。

PART1 敞開心靈的柵欄

我願為你而彎腰

汽車在峽谷中如同蝸牛般前行。

「親愛的，我們一起去山上看看吧。」凱茲婭搖下車窗，望著東坡的雪松，眼中充滿了嚮往。

布萊恩停下車，挽著凱茲婭的手向著山頂開始攀登。每一步都似乎是在向著終結邁進，每一步都是在向他們的過往告別，布萊恩緊緊地抓著凱茲婭的手，生怕因為自己的稍微放鬆就再也沒有辦法抓到。

天空中忽然間飄起了鵝毛大雪。凱茲婭伸手接住一片雪花，看著它在手心的溫度之下慢慢融化，直到變成幾滴清水從指間滑過。她哭了起來，最後一次依偎在布萊恩的肩膀哭了起來。

布萊恩伸出寬大的手臂把傑斯摟在懷中，在她的額頭上留下深情一吻。他們都知道，現在的分別很有可能就是永別，一個和自己朝夕相處了十年的人，竟然在一次吻別之後就會變成路人，心中像是硬生生被挖去一塊早已經和自己長在一起的肉一樣地疼。

透出漫天飛舞的雪花，透過彼此頭上堆積起來的銀白，在這一刻，他們似乎看到了天堂。

因為山谷的走勢和風向的原因，東坡的雪總是比西坡的雪大。不到一會的功夫，東坡的雪松上面就積落下厚厚的一層白雪。隨著雪越積越厚，雪松漸漸承受不住白雪的重量。然而，它卻沒有在重壓之下捨棄自己的任何一根枝枒。雪松富有彈性的樹枝一點點地向著地面彎曲，雪越多，它們彎曲的程度越大。遠遠望去，東坡的雪松全都在風雪之中彎下了腰身。隨著它們的樹枝越彎越低，樹枝上的白雪竟然撲簌簌地脫落下來。隨後，所有的雪松像是聽到了集結號一般，在一瞬間全都齊刷刷地站整齊，以最昂揚的姿態笑對下一次風雪的侵襲。

布萊恩忽然間明白了，他對凱茲婭說：「親愛的，我想以前東西兩坡上面的植被應該類似，然而，西坡的風雪較小，所以松柏之類的樹木頑強地堅持了下來。在風雪的重壓之下，東坡的植被則沒有那麼幸運了。他們在風雪之中一顆顆地失去了原本堅強的生命，只有雪松存活下來的原因是，它們懂得向困難彎腰，每一次它們都用向大地母親致敬的方式來贏取重新站起來的力量。我想，這就是兩邊植被不同的根本原因。」

凱茲婭點了點頭表示贊同，但是她並沒有明白布萊恩話中的意思。

「親愛的，如果你同意的話，我也願意為你而彎腰。」布萊恩面對著凱茲婭，單膝下跪的說。

凱茲婭抱著布萊恩的頭，深情地吻了一下，說：「親愛的，即便我們之間有那麼多的跌跌撞撞。可是這就像是兩隻手都有打架的時候一樣，如果要我們分開，就等於是左手失去了右手，我又怎麼捨得呢？」

布萊恩心中又重新升起希望的火焰。他緊緊的拉住凱茲婭的手，深情地望著她的眼睛，說：「其實，只是需要彎一下腰，就可以挽救回我們的婚姻。我們都需要卸下身上的包裹，才能夠重新去面對未來的生活。」

凱茲婭含淚微笑著，在風雪之中，緊緊地和布萊恩擁抱在一起。

★ 愛的報酬

冬夜的低溫讓坐在車裡面的霍頓不禁打了一個寒顫。當萬家亮起燈火的時候，他依然需要奔波在送貨的道路上，一切都只是為了能夠多賺一點錢，為他即將出世的孩子買一張舒服的嬰兒床。霍頓的妻子是當地一家小酒館的服務員，儘管他們兩個人十分節省，可是日子依舊過得艱辛。現在，妻子懷孕已經八個月了。面臨即將出生的寶寶，霍頓和妻子也曾深深地憂慮，害怕自己不能夠給孩子帶來幸福。

雪花從遙遠的天空飄下來，被遠處的燈光點綴出五彩斑斕的形狀。也許明天就會下大雪吧，霍頓在心裡面碎念了一句，他知道，這代表著自己的工作將會被迫停止。小鎮上的居民正在逐漸搬離此處，以求到更大的城市去謀求更好的生活。然而，霍頓從小就在這裡生長，這裡的一草一木都和霍頓之間有了深厚的感情，他的父親和母親也都安葬於此，所以他一直堅持在當地留守著。其實，不是霍頓不想要離開此地，只是他一顆善良的心根本無法適應城市裡面勾心鬥角的生活。在霍頓的心目中，妻子的笑容是最美麗的，他只是希望能夠在每天工作之後看到妻子開心的笑容，這便是對自己最大的安慰。

難得的是，在如此艱苦的環境下，霍頓有一個充滿愛的家和一個溫柔賢慧的妻子。這或許正是許多人夢寐以求的結局。

透過昏黃的車燈，霍頓看到前面有一輛豪華跑車在路邊拋錨了，一個老太太正站在車邊不

默許傷害

你若任人欺凌，就表示你毫不在意

知所措。霍頓停下車，想要詢問一下對方是否需要幫助。而在夜深人靜的路上，老太太似乎對所有的陌生人都存在著戒心。

「夫人，我並沒有惡意。你知道的，在如此寒冷的夜晚，遇到這樣的事情並不是一個好的狀況。」霍頓一手攙扶著老太太坐到自己的車裡面，回頭又親自去檢查她的車到底出了什麼問題。大片大片的雪花飄落在霍頓的背脊上，浸濕了他一大片衣衫。

終於找到了問題所在，原來是汽車輪胎被刺破了。可是，想要換個輪胎，在白天都不是容易的事情，更何況在漆黑的下著大雪的夜裡。沒過多久，霍頓就感覺雙手開始變得不聽使喚。不過，他依舊堅持著為老太太換好了備胎，並替她發動了汽車。

老人十分感激，她拿出自己的手提袋，準備付錢給霍頓：「年輕人，謝謝你。我應該付給你多少錢呢？」老人看到霍頓整個身體都被雪花染濕了，她心中不禁一驚，害怕這個窮困潦倒的中年人會因此而敲詐自己。

霍頓被老人的話弄迷糊了，他從來沒有想過收錢，更不認為熱心幫助別人是為了得到報酬。當他看到老人掏錢的動作時，忙搖頭說：「夫人，我不能收你的錢。如果你真的想要付給我報酬的話，那麼請你在遇到需要幫忙的人時，也主動伸出援手，把這樣一份愛傳遞下去吧。」說完，霍頓就坐回自己的老爺車，向著家的方向一點點行駛而去。他知道，妻子還在熬夜加班，自己應該回家為妻子準備一些食物。

老人開車來到了小鎮。此時，鎮上唯一的餐館還在營業。老人進去點了一份漢堡，坐在離吧台不遠的地方吃了起來。她發現，店裡面唯一的一個服務員雖然挺著大肚子，但是她卻並沒有抱怨工作的艱辛。在老人用餐的過程中，服務員一直都保持著一副善良的微笑。可是，老人一眼便看到了她身上破損的衣衫。「她一定急需用錢吧，否則就不會在懷孕期間依舊出來熬夜工作。」老人心想。她一邊看著服務員忙前忙後的身影，一邊在回想著剛才路上熱心幫助自己的那個年輕人說的話。

「你好，小姐，麻煩你結一下帳。」老人伸起手向著服務員打招呼。老人拿出一個百元大鈔交給服務員，服務員依舊用讓人無法拒絕的笑容請老人稍等一下，她進去幫老人找一下零錢。

可是，等服務員出來的時候，老人已經不見了。在她的酒杯下壓著一張紙條和額外的四百元錢。紙條上面寫著：親愛的小姐，我想你一定需要錢來養活將要出生的孩子。剛才我遇到了一位幫助我的好心人，他告訴我應該把這份愛傳遞下去。現在你就是我傳遞的人，希望你也能把愛傳遞下去。

服務員急忙追出門去，可是留給她的只有老人逐漸消失在夜幕中的車燈。

霍頓已經熟睡了。一天繁忙的工作之後，他已然進入了沉沉的夢鄉。妻子下班回家，當她看到桌上還在冒著熱氣的飯菜時，臉上又展現了常有的微笑。她輕輕地在霍頓臉上親吻了一下，然後伸手摸了一下口袋裡面的錢，悄聲說：「親愛的，我想我們已經有足夠的錢去買一張嬰兒床了。你不用再如此勞累了，一切都會好起來的。」

默許傷害

你若任人欺凌，就表示你毫不在意

「我的孩子，希望你知道老人對你的愛，也希望你能夠把這份愛傳遞下去。」妻子撫摸著自己隆起的肚子，望著深邃的夜空，為還沒有出生的孩子許下最美的願望。

★請問，您是布朗先生嗎

我是傑克遜，我出生在愛達荷州的一個小鎮。在我也算是美好的童年時光中，曾發生這樣的一件往事，至今令我疑惑愧疚。童年裡的小鎮，民風淳樸，很少發生什麼驚天動地之類的大事，因此小鎮上僅有一位治安官，他叫布朗。平時沒有什麼事情，他偶爾也會把我們這些鎮子上特別喜歡蹺課淘氣打鬧的毛頭小子聚集在一起訓話。這當然引起我們這些少不更事的孩子們內心的不滿，於是，在某一個月黑風高的夜晚，我們幾個孩子終於找機會發洩了我們的怨氣。為了能使布朗最大程度的出醜不安，我們在全鎮的最高處——鎮中心的水塔上，用紅色的油漆寫上「我們的治安官布朗先生是一個大蠢貨。」

這件事情，我們用了不到兩個小時就完成了。至今回想起來，我都不知道自己當時在沒有任何安全保護措施之下是怎麼爬到那麼高的地方的。第二天清晨，我們的「傑作」很快就被發現了，它從人們的竊竊私語變成了眾所皆知的新聞。而治安官布朗也在第一時間得到了通知。想要弄清楚這件事情是誰做的並不困難，我們三個人被布朗先生從教室裡面帶到了警察局。

「我知道是你們做的。」布朗先生平靜地說，「現在，我只想讓你們自己承認錯誤。」

我們面面相覷，誰都不想做第一個開口說話的人。最後，還是我第一個鼓起勇氣說：「親愛的治安官布朗先生，請你相信，我們沒有做這件事情。」聽我說完，兩個朋友錯愕地看著我，似乎不相信我會在治安官面前撒謊。我朝他們眨了一下眼睛，示意他們應該和我一起把這個謊圓下去。可是，他們並沒有聽從我的建議。當事實從他們兩個人的口中說出時，我感覺到自己受到了極大的侮辱和背叛。為了維護自己的尊嚴，我義正嚴詞地拒絕承認我和他們一起做了那件事情。

但是，完全出乎我的個人意外，布朗先生並沒有像我想像中一樣暴跳如雷，更沒有把這件事情告訴我的父母。我知道，他早已經明白了事情的真相，只是沒有堅持揭穿我。我自己慶倖但又迷惑不已，這件事件就這樣放下了。

後來我進到了城裡，讀書，畢業，有了工作，一晃，將近二十年過去了。最近的一次進修課，主講老師為了提升學員的交際能力，第一節課上就讓我們把生平最感到愧疚的事情寫出來。而且，在下周上課的時候，他要求我們要在課堂上當眾朗讀這些事情。這時才讓我回想起這件事，有些人抵觸抗議，感覺這是個讓人難堪的事情，但老師堅持告訴我們說：「只有在先勇於承認自己錯誤的基礎之上，才能有機會去改正。這是交際學的基本。」

於是，無奈之下，我們每個人都回憶並書寫出了有關自己的贖罪或者叫做懺悔清單，我便講述了上面困擾我的故事，並且向老師提及了我內心的困惑：當年布朗，為什麼沒有揭穿或是告發我？不管是當時對我的兩個朋友或是事後通知父母？

老師略有所思地抬起頭，用手推了一下鼻樑上面的眼鏡，用和當年布朗先生一模一樣的口吻說：「孩子，我想治安官先生是想要給你一個自我悔過的機會。他最大限度地給予你自尊，可是他卻沒有想到，這會讓你和另外兩個孩子之間形成強烈的對比，反而會對你產生更為長遠的惡的影響。是這樣麼？」

確實，這麼些年來，我一直無法全心全意地去相信每一個人，總覺得自己會受到他們的背叛。因此，我總是把自己嚴謹地武裝起來，而這也正是我人際交往中最大的障礙。「孩子，你要是相信我並且願意按照我說的去做，那麼，你應該打電話給布朗先生，並向他道歉。」老師說話的語速不快不慢，但是每一個字都有著千斤的力度，讓我難以承受。

我點頭答應了，並且就在當天晚上，我及時撥通了當地電話局的號碼，向他們詢問了布朗先生的電話號碼。在撥通電話之前，我甚至懷疑布朗先生是否還活著。電話接通了，一個蒼老的聲音出現在另一端。「請問，您是治安官布朗先生嗎？」我謹慎地問。老人略微遲疑，然後回答了「是」。聽得出來，已經好久沒有人這樣稱呼他了。不過，這讓我更加確定，接電話的人就是當年的布朗先生。

我鼓起勇氣，向他講述了我當年的犯錯過程以及對他的欺騙。之後，便是長時間的沉默。突然間，布朗先生大笑了起來。他說：「小夥子，我早就知道你是那個惡作劇的始作俑者。我一直都期待著你能親自向我道歉，直到現在，我臨死之前的遺憾總算是又少了一件。」

我們都笑了起來。那天晚上，我們兩個人在電話裡面聊了很久，並且我還承諾在回家鄉的時候去拜訪他。

最後，布朗先生說：「我從前總為你感到遺憾，因為你可能會因為一次謊話而愧疚一生。這些年來你一直背負著對我的愧疚，現在你主動完成了自己的贖罪，我應該為你感到高興。要知道，有些事情只要你去做，永遠都不晚。」

非常感謝這樣的因此交際培訓課，更加感謝布朗先生的這句教誨，使我牢記並獲益。

默許傷害

你若任人欺凌，就表示你毫不在意

★ 派對上的安娜

在紐約市北部的一戶尋常人家中，住著一位叫做安娜的女孩。她有著所有女孩夢寐以求的漂亮面容，可是安娜卻並不開心。青春年少的她總是對未來感到迷茫，她一遍遍地懷疑著自己的能力，每一次失敗之後都會怨天尤人。安娜和所有的姑娘一樣，都夢想著有一天能夠和自己的白馬王子相遇。然而，當她僅有的幾個好朋友都一個個陷入了熱戀之中的時候，安娜才忽然感覺到孤單和無助。最後，在家人的勸說下，她才主動來找福克斯醫生。

在和安娜握手的時候，福克斯醫生明顯地感覺到她雙手的冰涼。在沒有溫度的軀殼之下，隱藏的是一顆如何冰冷的內心啊！福克斯醫生明白，要想讓安娜走出自閉的陰影，第一步就是要她攻克自己內心的障礙。望著她蒼白的面龐，聽著那好似從墳墓中飄出來的聲音，飄忽不定的眼神彷彿在竭盡全力地向他求助，福克斯醫生陷入了深深的沉思之中。

「安娜，我想請你幫我一個忙。」福克斯醫生突然說。

雖然感到奇怪，但是安娜還是點頭答應了。羞於見人的性格並沒有擋住她內心的善良，安娜甚至都還沒有問福克斯醫生需要她幫什麼樣的忙，就已經匆忙著答應了下來。

福克斯醫生看出了她對未知的渴望和害怕，他輕微地笑了一下說：「安娜，其實下週二晚上我想在家開一個派對，可是我妻子一個人忙不過來，我想請你去幫忙。好嗎？」

一聽到要面對如此多的陌生人，安娜馬上緊張起來。

默許傷害
你若任人欺凌，就表示你毫不在意

福克斯醫生一邊幫著安娜調整呼吸，一邊說：「安娜，其實你完全不用擔心。我想，這個週末你要先去服飾店買一身合適的衣服，記住，你不要自己決定，完全聽從店員的意見。然後再去理髮店做一個新潮的髮型，也一定要聽從理髮師的意見。因為他們在這些方面一定比你專業，我相信到時候你一定會給我一個驚喜的。」

安娜端起旁邊的杯子，喝了一口水之後，說：「可是，醫生，我從來沒有參加過大型的派對，我根本不知道要做什麼。我害怕你的派對會因為我的失誤而……」

看到安娜開始產生逃避的念想，福克斯醫生連忙舉起手打斷了她的話。「安娜，其實你完全可以把派對上的人都當成你的家人和朋友。當你看到他們手中的酒杯空著時，主動走上前為他們倒滿；當你覺得屋子裡面的空氣過於悶熱的時候，你只需要隨手把窗戶打開就可以了。我相信你，安娜，相信你會做得很好。答應我，好嗎？」

安娜勉強地點了點頭，算是答應了福克斯醫生的請求。

她聽從了醫生的建議，在服飾店完全按照店員的意思選購了一套禮服，然後在理髮店做了一個她一直夢想著擁有的髮型。週二下午，當安娜小心翼翼地按響福克斯醫生家的門鈴之時，所有的人都為安娜的造型而驚嘆。

「親愛的，你真是太漂亮了。我敢打賭，全紐約城也找不出比你更漂亮的女孩了。」福克斯太太絲毫沒有吝嗇自己的誇獎。

派對開始了。儘管安娜還是有一些不自信，但是為了能夠讓福克斯醫生順順利利地開完整

PART1 敞開心靈的柵欄

派對上的安娜

個宴會，她不得不硬著頭皮走到陌生人前面，讓自己的臉上強擠出微笑的模樣。這絕對是安娜所面對的最尷尬和最難熬的時刻。然而，隨著派對越開越熱烈，安娜覺得自己似乎和所有的人都變得熟識起來。她不再那麼害怕為陌生人倒酒，哪怕是自己犯了一個小錯誤，也能夠很輕易地遮掩過去。到後來，安娜似乎開始享受整個派對的過程。

更難得的是，安娜覺得有一位年輕英俊的小夥子，他的目光一直都沒有離開過她。當她發覺到這件事的時候，剛開始感覺很不舒服。但是，當小夥子主動和她說話的時候，安娜徹底被他醉人的眼光迷住了。安娜覺得，這一刻就是自己長期以來夢寐以求的瞬間。能夠在派對上和他相遇，安娜認為是自己一生最大的幸運。

派對之後，當安娜第一次獨自一人趕赴小夥子的約會時，她才明白自己已經完全走出了自閉的陰影。原來，自己一直把自己封鎖在與世隔絕的空間，從而忽略了他人的存在。也許，只要向前跨出一小步，僅僅是力所能及的一小步，就可以迎來一片燦爛的春天。

盡心盡力幫助別人，才是贏得大家喜歡的唯一真理。

不久之後，安娜和那位小夥子結婚了。她的一生雖然平淡，但卻是在幸福中度過了終老。

★點亮心燭

生命是一支越燒越亮的蠟燭，是一份來自上帝的禮物，是一筆留給後代的遺產。當生命從狹窄漆黑的通道飛向另一個天地，接近或達到目標的時候，我們所經歷的一切，才顯示出它的價值和意義。

第二次世界大戰期間，一個烏雲遮日的午後，英國小說家米切爾．羅伯特照例來到郊外的一個墓地，祭拜一位英年早逝的友人。

就在他轉身準備離去時，竟意外地看到友人的墓碑旁有一塊新立的墓碑，上面寫著這樣一句話：全世界的黑暗也不能使一支小蠟燭失去光輝。

炭火般的語言，立刻溫暖了羅伯特長久以來，一直鬱悶的心。羅伯特迅速地從衣服裡拿出鋼筆，記下了這句話。他猜想這句話一定是引用了哪位名家的名言。

為了儘早查到這句話的出處，他匆匆地趕回公寓，認真地、逐冊逐頁地翻閱書籍。但是，羅伯特搜尋了很久，始終未能未找到如此令他精神振奮的這句名言的出處。

第二天一早，羅伯特又重返墓地，向該處工作人員請教。從墓地管理員那裡得知：長眠於那個墓碑之下的，是一名年僅10歲的少年。

就是在幾天前，德軍空襲倫敦之時，這個少年不幸被炸彈炸死，少年的母親懷著悲痛，為自己的兒子做了一個墓，並立下了那塊墓碑。

PART1 敞開心靈的柵欄

點亮心燭

這個故事讓羅伯特久久不能釋懷，一股澎湃的激情促使羅伯特振筆疾書。很快，一篇感人至深的文章從他的筆尖流淌出來。

幾天後，文章發表了。故事轉瞬便流傳開來，如希望的火種，鼓舞著人們為勝利而執著前行的腳步。

許多年後，一個偶然的機會，還在讀大學的布雷爾也讀到了這篇文章，並從中讀出了那句話的雋永與深刻。布雷爾大學畢業後，放棄了幾家企業的高薪聘請，毅然決定隨一個科技普及小組去非洲幫助貧困。

「到那裡，萬一你覺得天氣炎熱受不了，怎麼辦？」

「非洲那裡鬧傳染病，怎麼辦？」

「那裡一旦發生戰爭，怎麼辦？」

面對親人們異口同聲的勸說，布雷爾很堅定地回答：「如果黑暗籠罩了我，我絕不害怕，我會點亮自己的蠟燭！」

一周後，布雷爾懷抱著希望去了非洲。在那裡，經過布雷爾和同伴們的不懈努力，用他們那點點燭光，終於照亮了一片天空，並因此被聯合國授予扶貧大使的稱號。

蠟燭雖微弱，卻有熠熠的光芒圍繞著它。

我們每個人都是一支這樣的蠟燭。當一個人在氣餒、失敗，甚至感到有些絕望時，不妨啟動自己，點亮心燭。黑暗消失了，留下來的一定會是一個令人驚嘆的奇蹟。

★每一天都是新的開始

當葉賽甯支付完丈夫的喪葬費用之後，已經變得身無分文。她從來沒有為了錢如此發愁過，現在更是雙重打擊的折磨。

兩年前，葉賽甯的丈夫身染重病，而當時她又剛剛失去了工作。為了維持開銷，為了有足夠的錢來給丈夫治病，葉賽寧只好做起了圖書推銷員。但是作為一名推銷員，必須得有自己的汽車，她用分期付款的方式購買了一輛車。然而，兩年的時光並沒有改變任何事情，反而讓她的生活變得更加糟糕。

現在，葉賽寧每天早上醒來之後，腦子裡面就會飛速地閃過一串數字，她的水電費、她的汽車分期付款、她所要還的債務，全都像惡魔一般糾纏著她。葉賽寧覺得快要崩潰了。工作並不順利，有時候她一天都賣不出去一本書。葉賽甯本來以為，丈夫去世之後，她可以用工作的方式讓自己從悲傷之中清醒過來。然而，現在她才發現，自己徹底地錯了。

一個人開車，一個人吃飯，一個人睡著沒有任何溫度的雙人床，這一切都加深了她對丈夫的懷念。葉賽寧深深陷在了對過去的眷戀之中，而無法自拔。生活讓她疲於奔命，無法排解的苦悶更像是一條毒蛇一般，吸乾了她所有的精髓。

日子依舊沒有好轉。在一次去往密蘇里州的路上，葉賽寧遇到了前所未有的困難，她在荒無人煙的曠野上對著天空大聲地哭了起來。她想到了自殺。這並不是他第一次產生自殺的念頭，可是她並沒有勇氣死在荒漠之中，她甚至替她唯一的姐姐擔心自己的喪葬費用。孤獨、沮喪，瞬間侵佔了她的心頭。大哭之後，她躲在了汽車裡面避免陽光的追逐，她的精神已經到了崩潰的邊緣。

那一次，她自己都不知道是如何挺過來的。但是，奇蹟似乎就這樣發生了。胡塞因忽然間覺得自己十分可笑，她不明白為什麼會產生這樣的感受，但是她覺得過去的事情不再變得那樣的沉重。那一天，她破天荒地拿起了一本自己久已想讀的書翻了起來。

突然，葉賽寧淚流滿面。「每一天，都是新的開始。」書的扉頁上是丈夫熟悉的字跡。這句話就像是一聲炸雷一樣劈開了葉賽甯塵封的心靈，把她從痛苦的噩夢中叫醒。

她這才意識到，自己現在的生活也許根本就不是逝去的丈夫所期望的。扉頁上的那句話，讓她開始重新反思自己的過往。葉賽甯很快發現，原來自己一直深陷在過去的苦痛之中而無法自拔。其實活一天並不是那麼困難，只是自己強行把各種不存在的重量強加到生活之上，才會最終壓垮了自己。

她開始改變，每一天她都會按時起床。面對鏡子中的自己，總是會露出開心的笑容。「每一天，都是新的開始。」葉賽寧把這句話貼在了汽車的擋風玻璃上，她希望自己能夠時時刻刻記住這一句話，從而改變自己的人生軌跡。

當葉賽甯重新讓自己走進朋友們的視野之中時，大家都驚訝於她的改變。過於，對於她來說再也不是痛苦的記憶；未來也再不會是無法承受的負擔。葉賽甯開心地過著每一天，她為自

默許傷害

你若任人欺凌，就表示你毫不在意

己準備可口的飯菜，購買喜歡的化妝品，閱讀一些充滿了愛和希望的書籍。

當丈夫的祭日到來時，葉賽寧手捧一束鮮花來到丈夫的墓前，她臉上的笑容是丈夫在世的時候從來沒有展現過的。她坐在墓碑旁邊，輕輕地親吻了一下冰冷的墓碑，分明能夠感受到丈夫的溫度。

「親愛的，我已經有了新的開始。」她溫柔地對長眠在此的丈夫說。

PART 2 人生必要的喪失

美國著名心理學家裘蒂·福斯特曾說：「我們以喪失開始人生。」

是的，我們被拋出溫暖的子宮，來到這個陌生的世界，我們失去了絕對安全的庇護，但從此開始了人生新的征途。在生活的漫長道路中，我們失去了很多所愛的人和事物，也得到了人生的感悟和收穫。喪失，的確是一件痛苦的事情，但它並不可怕，它是我們為生活付出的沉重代價，但它也是我們成長和收穫的源泉。

★插導管的麥吉

麥吉對於他遭遇的第一次意外，已全無記憶。他只記得那是10月一個溫暖的晚上。

麥吉當時22歲，剛從著名的耶魯大學戲劇學院畢業。他聰明英俊，人緣又好，正是意氣風發、前程似錦的大好時光。當那輛18噸重的貨車撞向他時，麥吉一點都沒有看見。他記得的下一件事，就是醒來時發現自己躺在加護病房，左小腿已經被截去。

此後8年裡，麥吉全力以赴，要把自己鍛煉成為全世界最優秀的單腳運動員。在康復期間，他飽受疼痛折磨。但是他從不抱怨，終於熬了過來。失去左腿後不到1年，麥吉開始練習跑步，不久便常去參加10公里賽跑，隨後又參加紐約馬拉松賽和波士頓馬拉松賽，他的成績打破了殘疾人組的紀錄，成為全世界跑得最快的單腳長跑運動員。

接著他又進軍三項全能。那是一項非常艱難的運動，要一口氣游泳3.85公里，騎腳踏車180公里，再跑42公里的馬拉松。這對於只有一條腿的麥吉來說，無疑是極大的挑戰。

1993年6月的一個下午，麥吉在南加州的三項全能比賽中，帶著一大群選手騎著腳踏車以56公里的時速疾馳，沿途有群眾在夾道歡呼。突然，麥吉聽到人群中發出尖叫聲。他轉頭過去，只見一輛黑色小貨車朝他直衝過來。

麥吉對於這次被撞可是記得一清二楚。他記得群眾的尖叫，記得自己的身體飛過馬路，一頭撞在電燈柱上，頸椎「啪」的一聲折斷，他還記得自己被抬上了救護車，然後，他才昏了過

PART2 人生必要的喪失

插導管的麥吉

去，並且什麼都不知道了。麥吉接受了緊急脊椎手術後醒來時，發現自己又一次躺在重傷病房，一動也不能動。他清楚記得周圍的護士個個都滿臉淚水，一再說「我們很難過。」麥吉四肢都癱瘓了。那一年他30歲。

麥吉的四肢因頸椎折斷而失去功能，但仍保存少量神經活動，使他能稍微動一動手臂，坐在輪椅上身子可以稍微向前傾一點，雙手能做一些簡單的動作，雙腿偶爾能抬起兩三毫米。

當麥吉知道四肢有一點知覺時，他很激動。因為這意味著他有恢復獨立生活能力的可能。經過艱苦鍛煉，自認為很幸運的麥吉漸漸進步到能自己洗澡、穿衣服、吃飯，甚至能開經過特別改裝的車子。醫生對此都感到十分驚奇。

醫院對脊椎重傷病人的治療，就像是在實施酷刑。他們先給麥吉裝上頭環：那是一個鋼制的環，直接用螺釘裝在顱骨上。然後，把頭環的金屬撐條連接到夾在麥吉身體兩側的金屬板上，以固定麥吉的脊椎。安裝頭環時只能局部麻醉。當醫生將螺釘擰進麥吉的前額時，麥吉痛得慘叫。

護士常來給麥吉抽血，把導管插入他的膀胱，或者把頭環的螺釘擰牢。每次有人碰到他，他都痛得尖叫。那一階段，他經常覺得沒有了自我，沒有了過去，沒有了將來，沒有了希望。

兩個月後，頭環拆掉，麥吉被轉到科羅拉多州一家複健中心。在他住的那層樓裡，全是四肢或下身癱瘓的病人。他發覺原來有那麼多人和他有相同或相似的命運。

於是，他過去所擁有的那種頑強不屈，永不向命運低頭的精神又回來了。他對自己說，你

默許傷害

你若任人欺凌，就表示你毫不在意

是過來人，知道該怎樣做。你要拼命鍛煉，不怕苦，不氣餒，一定要爭取離開這個鬼地方。其後幾個月，麥吉再度變得鬥志昂揚，複健速度之快，出乎所有人預料。

脖子折斷後僅僅6個月，麥吉就重返社會，開始獨立生活。又過了大約6個月之後，他在一次三項全能運動會上，以《堅忍不拔和人類精神力量》為題，發表了激動人心的演說。

目前麥吉住在新墨西哥州勝菲市，只要遇到天氣好的早晨，他會從床上下來，插上導管，洗個淋浴，穿上衣服，離開寓所。所有這一切，不用3個小時他就能完成。然後他到體育館去鍛鍊兩個小時，做一些諸如在水裡步行、騎健身腳踏車之類的運動。還有更加重要的一點就是，他正在加州聖芭芭拉市帕西非卡克研究所攻讀神學博士學位。

★不為打翻的牛奶哭泣

小說家荷摩．克洛伊說：「不要為打翻了的牛奶哭泣。否則，打翻的將不是牛奶，而是你的心血……」

他為什麼這樣說呢？看了他的故事你就能明白了：

那天，我認為一生中最悲慘的時刻來了：警察來到我家，我不得不從後門溜走。從此，我失去了位於長島佛洛裡斯特的家。那個地方給我留下的印象太深了：我的孩子都是在那裡出生的，而我在那裡住了整整18年。

我怎麼也不會想到，這種事情會發生在我身上。在12年前，我一直認為自己坐在世界尖端上。我的《水塔之面》影片版權，以好萊塢最高價賣給一家影片公司，因而我和家人在國外住了兩年，夏天在瑞士消暑，冬天在法國南部避寒：過的完全是一個百萬富翁的日子。

我在巴黎住了6個月，有一本小說面世，書名叫《他們必須見見巴黎》。這部小說改編成電影，由威爾．羅吉斯主演。很多人希望我留在好萊塢，再為羅吉斯多寫幾部電影劇本，可我還是回到了紐約。

在大紅大紫面前，我認為自己還有尚未開發出來的潛在能力：我想我有能力做一名精明的生意人。有人跟我說，約翰．賈可伯在紐約投資購買空地，很快變成百萬富翁。賈可伯是什麼人？一名移民美國的小販而已！他都能成功，難道我就不能？於是，我決定做房地產生意，我

默許傷害

你若任人欺凌，就表示你毫不在意

做起了發大財的美夢！

其實，我對房地產一無所知，只是我有冒險的勇氣而已。至於如何開發這方面的事業？很簡單，把房子抵押了，然後購買佛洛裡斯特山區一塊最佳的建築用地。我打著很如意的算盤：把這塊地死死地守住，等地價漲到高峰再賣掉，坐收厚利，成為真正的百萬富翁。

土地到手後，我得意極了，好像我的地皮已經換成了美金，自己已經是百萬富翁，坐在豪華的房間裡，對那些整天在辦公室忙碌的職員表示我居高臨下的同情，因為我認為，靠一份薪水生活的日子實在是太苦了。上帝賦予我的才能，我怎麼能夠隨便浪費？

在房地產方面，我絕對是一個外行，對經營一竅不通。突然間，經濟不景氣，土地賣不出去，像堪薩斯的狂風搖撼雞籠子一樣，我被吹垮了。我每個月必須為那塊地付出220美元，除此之外，我還必須為那棟被抵押掉的房子付款，並且還要養活一家人。那幾個月過得真慢！我十分煩惱，想為雜誌社寫一些幽默小說，而我的幽默小品就好像《舊約》中的哀歌一樣根本沒有一點輕鬆歡笑的味道！

我賣不出任何稿件，我所寫的小說也一樣宣告失敗，我把錢全用光了。除了打字機和我口中的金牙之外，我沒有任何東西可以拿來抵押借款。牛奶公司停止送牛奶，煤氣公司也把煤氣關掉。我不得不去買一個露營用的戶外小火爐。

我們沒有煤炭可用，供熱取暖的唯一器具就是壁爐，我只好在夜間出去，到那些有錢人正在蓋房子的附近撿一些廢棄的木頭——而我本來是夢想著躋身這些有錢人的行列中。我睡不著覺，我經常半夜起床，行走數小時，以便拖累自己、使自己疲倦後可以順利入睡。我不僅失去了我購買的那塊空地，並且花在上面的全部心血也付諸流水。

銀行結束了對我房子的抵押，把我和家人全部趕到大街上。我們好不容易湊出一點錢，租了一間小公寓，在一九三三年的最後一天搬過去。我坐在行李箱上，舉目四望。然後，我就在想：還能怎麼樣呢？也就不過如此吧？於是，我在心裡對自己說：我經歷了最悲慘的遭遇，而且已經熬過去了。此後，只會好轉，絕不會再變壞了。我開始想到我仍然擁有的有利條件，我身體依然健康，朋友仍在，可以從頭再來。我不再為過去哀傷，我把精力用在工作上，不再煩惱。

漸漸地，我的情況真的開始改善了。對於我以前的那段悲慘遭遇，我現在心存感激：它給了我力量、堅忍和信心。我現在知道，什麼是最困苦的生活；我知道，天無絕人之路；我知道，我們能忍受更多的痛苦。現在當我遇到小煩惱、焦慮、困難時，我就提醒自己當年坐在行李箱上對自己所說的話：我經歷了最悲慘的遭遇，而且已經熬過去了。此後，只會好轉，不會再變壞了。

★用左腳寫作的人

1933年他出生時，就患了嚴重的大腦癱瘓症。一直到5歲，小布朗還不會說話，頭部、身體、四肢也都不能活動，父母帶著他四處求醫，可是情況始終沒有什麼好轉。最後連家裡人也失去了信心，認為他可能要這樣過一輩子。

此時的布朗毫無意識，直到有一天，躺在床上的小布朗看到妹妹丟下的彩筆，他忽然伸出了自己的左腳把彩筆夾了起來，在牆上亂畫起來。他畫得正起勁的時候，母親走進來，高興地驚叫：「他的左腳還能活動！」

母親沒放過這個微弱的暗示，她堅信只要小布朗的腳能活動，他就應該能做許多事情。於是，她便開始教布朗寫字，沒想到，第一天，布朗就能用腳寫出三個英文字母。很快，他就能把26個英文字母按順序寫下來。這令全家人感到異常高興。母親不僅讓他學寫字，還讓他看書，為他買來兒童讀物和世界名著。布朗對書產生了濃厚的興趣，如饑似渴地閱讀。

也許是布朗受母親堅強的感染，也許是上天可憐這對苦苦掙扎的母子，總之，一段時間以後，小布朗慢慢地竟然能說話了。後來，他向媽媽提出，他想要寫信、做讀書筆記，還想自己寫點什麼。母親有些為難，只有左腳能活動，他怎麼寫呢？小布朗說：「我可以用腳打字呀。」

他將自己的左腳高高抬起，大聲地宣佈：「我要用它寫，我要成為全世界第一個用腳趾打字的人！」此時的小布朗已經有了忍耐的能力，已經具備了挑戰挫折的氣魄。

母親也看到了布朗的希望，她相信：總有一天，布朗會以自己的方式獨立生存。母親想盡辦法替兒子買來了一台舊打字機。布朗把打字機放在地上，自己半躺在一把高椅上，用左腳按動鍵鈕。剛開始，由於腳趾掌握不好打字的力度，布朗打出的字不是模糊不清，就是把紙打爛了。但布朗一點也不灰心，他像著了迷一樣，仍然瘋狂地練習，不管是炎熱的夏天，還是寒冷的冬天，布朗都不曾停止練習。累了，就用左腳趾夾著筆劃畫。年深日久，布朗的左腳趾長出了厚厚的繭子。功夫不負有心人，終於，他打出了力度適中、清清楚楚的字，而且還能熟練地給打字機上紙、退紙，還能用左腳趾整理稿件。

打字並不是布朗的最終目標，當他學會打字之後，他決心向高峰攀登，那就是寫作。他把自己想寫一部小說的想法告訴了母親，這一次，母親猶豫了。母親知道兒子是個有決心、有毅力的人，她也理解兒子的心情，可她知道寫作比學習打字不知要難上多少倍，她擔心兒子一旦失敗會受不了心靈上的創傷，她不想讓這個可憐的孩子再受任何傷害，平添痛苦。另外，她也覺得，兒子還是小孩子，沒有多少生活閱歷，有什麼可寫的呢？於是她勸說兒子：「孩子，你有雄心壯志，媽媽很高興。但是，人生的道路是很曲折，不像你想的那麼簡單，萬一失敗了怎麼辦呢？我看你還是好好休息，讀讀書，畫畫圖畫，玩玩打字機就行了，不要想得太多了。你現在年紀還小，等以後再說吧！」

這是一個慈祥的母親，她害怕小布朗受到傷害，然而布朗卻異常堅定，他對母親說：「這麼多年，我已經忍過來了。媽媽，人活著就應該有所追求，不是嗎？我雖然是一個殘疾人，已經失去了生活的許多樂趣，但是我不能失去自己的夢想。我要讓別人看到，我不是一個包袱，不是一個多餘的人。」母親驚異於布朗的堅忍與成熟，於是就全力支持他。

布朗躺在床上，靜靜地回憶著自己的不幸和坎坷經歷，決定把自己的經歷寫下來，告訴那些在不幸中苦苦掙扎的人，告訴那些和他一樣殘疾的人，要堅強起來，不要屈服於命運的苦難。

這種沉重的苦難浸潤了布朗的身心，卻也積澱了布朗奮起的力量。布朗寫出的小說非常深沉而有力量。他完成第一章初稿，就迫不及待地讓母親閱讀、評點。母親一下子被小說主角的痛苦遭遇和堅強性格深深打動，她緊緊把布朗摟在懷裡：「孩子，你是媽媽的驕傲，你一定會成功的！」

有了母親的鼓勵，布朗更加堅定，就這樣，不知寫了多少個日日夜夜，不知道克服了多少常人都難以想像的困難，終於，在21歲那年，布朗的第一部自傳體小說問世了。他把它取名叫做《我的左腳》。布朗雖然只能用左腳來寫小說，但這並不妨礙他在文學創作的道路上繼續奮鬥。16年後，布朗的又一部自傳小說《生不逢辰》也出版了。這部小說感情真摯、道理深刻、情節動人、語言優美，一出版便震動了國內外文壇，成了暢銷書，20多個國家翻譯出版了這本書，有的國家還將它改編成電影。15年後，在妻子的照顧和幫助下，布朗又先後出版了三部小說和三部詩集，成為了享譽世界的文學巨匠，成為愛爾蘭人民的驕傲。

而他的成功，僅僅維繫在一隻會寫字的左腳之上。

★人生路上的紅綠燈

命運之神就好像特別跟西蒙過不去。4歲那年，西蒙的父母在一次車禍中死去，他被寄養在一個遠房舅舅家。舅舅對他很刻薄，惡言和打罵是家常便飯。西蒙很早就懂事了，學習非常用功，成績出類拔萃，考上了一所頂尖大學的熱門科系。但畢業那年，全國的經濟形勢都不好，辛苦找了一年工作，卻絲毫沒有著落。

對西蒙最好的是那位60多歲的房東老太太，滿頭白髮但仍然能看出那份安詳與高貴。每次西蒙回來，她都會開門高興地招呼他，儘管西蒙自己有鑰匙可以開門。看到西蒙沮喪的樣子，老太太總安慰他說：「西蒙，事情沒那麼糟糕，一切都會好起來的。」

西蒙每次心裡都很感動，但他覺得老太太根本就不會知道他的難處。他想，如果他能像她那樣，每天最重要的事就是看著馬路上川流不息的各種車輛，以及熙熙攘攘的人群，他也一定會這樣快樂。

有一天，西蒙看著老太太出神的樣子，不由得納悶：在她的思想裡，到底裝著一個怎樣的世界呢？那馬路上每天都如此單調，對西蒙來說，實在沒有什麼可看的。他終於禁不住地問她：「您每天都在看什麼呢？有什麼有意思的事情嗎？」

老太太笑眯眯地望著西蒙，說：「孩子，那馬路上的紅綠燈，寫下的是無數行人生命的路程，怎麼會沒有意思呢？」

「那有什麼好看的呢？不就是紅綠燈嗎？」西蒙還是不解。

「孩子，你還不明白。這人生呀，就像那紅綠燈，一會兒紅，一會兒綠。紅的時候呀，就沒法動了，動了就會出交通事故；綠的時候呢，就一路通暢無阻。」老太太頓了頓接著說：「有時你遠遠看著那燈是綠的，等車子加速到了跟前，卻可能突然就變紅了。有時遠看著是紅的，到了跟前就變綠了。有的車到每個路口都可能是綠燈變紅燈，有的車到每個路口也有可能都是紅燈變綠燈。可是呀，他們最終都同樣離開了這裡，朝著遙遠的地方去了。有了這紅綠的變換，人生的步伐不才有快慢調整，人生的景色不才有五彩斑斕嗎？為什麼要為一次紅燈而焦慮不安，或為一次綠燈而興奮不已呢。」

西蒙終於明白：原來自己一直在人生的路口撞上紅燈。但是綠燈總會閃起，遠方依然在召喚著他。帶著對老太太的感激，西蒙開始了新的努力。

40歲那年，西蒙成了美國最著名的電腦經銷商，擁有億萬家產。在哈佛大學演講那天，在如雷的掌聲中，他沒有忘記當年那位房東老太太的教誨，他平靜地說道，自己只不過是遇上了人生的綠燈而已。

★海倫凱樂與安妮蘇莉文小姐

著名作家馬克·吐溫曾經說過：「在十九世紀中，最值得一提的人物是拿破崙和海倫·凱勒。」能夠和拿破崙並駕齊驅的一位又盲又聾的女性，究竟有著什麼樣的傳奇經歷呢？

海倫剛剛出生的時候是一個正常的嬰孩，可是，一場無情的疾病奪去了她多彩的世界。她再也看不到世界的色彩，再也聽不到動聽的旋律，再也無法發出一點點或歡樂或悲傷的聲音。僅僅只有十九個月的海倫，在還沒有來得及享受人生時，就已經被打進了地獄一般又黑又冷的世界。

生理上的缺陷讓小海倫原本歡快的性情出現極大的改變。每每碰到不順心的事情之時，她都會採用極端的方式來應對。抓起各種觸手可及的東西往嘴裡面塞，就是不停地在地上打滾、哭鬧。爸爸媽媽只好將她送到波士頓的一所盲人學校裡面，希望她在那裡可以得到正規的教育。

所幸，海倫得到了一位好老師——安妮·蘇莉文小姐。當時，海倫完全沒有意識到，她將是給自己的黑暗世界帶來光明的天使。蘇莉文小姐和海倫一樣，都有著悲慘的童年。在蘇莉文十歲的時候，就和弟弟一起被送進了孤兒院，並且姐弟兩人還被安排在存放屍體的太平間裡面睡覺。僅僅六個月之後，她的弟弟就夭折了。在十四歲的時候，蘇莉文得了眼疾，幾乎快要失明。後來，她在帕金斯盲人學校裡面學習了點字和指語法，從此便成為了一位盲人老師。

默許傷害

你若任人欺凌，就表示你毫不在意

由於蘇莉文特殊的經歷和海倫極為相似，所以她深切理解海倫的痛苦和無助。每一次，海倫用哭喊的方式來反抗嚴格教育的時候，蘇莉文都會耐心地去安撫這個年幼的孩子。她知道，只有自己才能夠走進她已經封閉起來的內心，只有自己才能帶領她走出無邊的黑暗。所以，蘇莉文小姐靠著與海倫身體的接觸，從身邊的一草一木開始，教她認知這個世界。她期望能夠在她們之間搭建起一座心靈之橋，牽引著海倫稚嫩的小手走向光明的世界。

在蘇莉文小姐耐心教導之下，海倫學會了讀盲文。一個既聾且啞的女孩，終於開始領悟語言的魅力。海倫開始憑著觸覺去代替自己的眼睛和耳朵。在海倫十歲的時候，她身殘志堅的故事就已經傳遍了全美國。

其實，海倫和正常的孩子一樣，在遇到困難的時候也會想要放棄。可是，即便她產生了放棄的念想，蘇莉文小姐也絕對不允許她這麼做。一次次地，蘇莉文小姐在她幼小的心靈之中播種下希望之樹，為她支撐起一片永不會破滅的藍天。

奇蹟總是在等待著執著的人出現。海倫在二十歲的時候進入了哈佛大學，在這裡，她獲得了超越常人的學識。當海倫終於學會了說話的時候，她第一句說出口的便是「我再也不是啞巴了。」興奮的心情溢於言表，所有的人都明白，這一刻她最想要感謝的人一定是她的啟蒙老師——蘇莉文小姐。

有人說，如果你和海倫．凱勒握過手，那麼在五年之後你們再次見面的時候，她一定還能夠憑藉著握手的方式認出你來，並且她還能夠知道你究竟是一個美麗的、強壯的、體弱的、滑稽的、爽朗的還是一個滿腹牢騷的人。

在第二次世界大戰期間，海倫在歐洲、非洲和亞洲各地進行了數場巡迴演講，她用自己的力量喚起了社會大眾對身體殘疾者的關注。當她克服了所有的困難，把從心底發射而出的光芒傳遞出去的時候，整個世界的黑暗都被點亮了。

於是，有人禁不住要問，一直支持海倫向前的動力是什麼。在她的著作《我的一生》中，可以找到最完美的答案。

書中，海倫詳細描述了蘇莉文小姐對她的關愛。她寫道：一位年輕的復明者，沒有多少「教學經驗」，將無比的愛心與精心編排的資訊，灌注到一位全聾全啞全盲的小女孩身上。每一段師生之間的故事，都被海倫用感人肺腑的語言敘述出來。讓小海倫重拾信心的元素，只有一個字，那就是「愛」。

懷著對海倫的愛，蘇莉文小姐奉獻了自己最完美的一次教學。當她的手碰觸到海倫的手指時，用信心和希望製作的藥水便會傳遞出來，喚醒海倫心中沉睡已久的意志力。

要做生活的強者！這是蘇莉文小姐自己的宣言，更是她告訴海倫最美的童話。若是那位年輕貌美的女子真的能夠得到三天光明的話，那麼有一個人她必定會把她也許已經不再年輕的面龐牢記心間。因為，蘇莉文小姐交給海倫的不只是識文識字的技能，更不只是堅強和希望，而是在黑暗之中永遠不會熄滅的愛的光芒。

★放棄不成功的實驗

在楊振寧踏上美國國土第一步的時候，他就給自己立下了一個長遠的志向，他要成為一名偉大的實驗物理學家。透過朋友的幫助，他得到了一個絕好的機會。費米建議他先跟著泰勒做一些理論上的研究，如果想要做實驗的話，可以到艾利遜的實驗室去進行。

這為他打開了一道通往夢想的大門，楊振寧在感謝朋友的同時，心中也開始暗暗地發誓。從太平洋的彼岸來到異國他鄉，能夠得到這麼多好朋友的幫助是多麼幸運。所以，他非常珍惜這樣的機會。在實驗室中，楊振寧一工作起來就會廢寢忘食。整整二十個月，他把所有的時間都花在了與實驗室作伴之上。

然而，楊振寧的物理實驗進行得並不順利。他自己也不知道為什麼，明明是嚴格按照實驗的程式去進行，可是卻總得不出自己想要的結果。在他做實驗的時候，還經常會發生爆炸，因此，當時在實驗室裡面流傳著「哪裡有爆炸哪裡就有楊振寧」的笑話。不堪其擾的楊振寧為此十分苦惱，天生動手能力就比別人差的他，絞盡腦汁也沒有想出合適的解決之道。

這一天，美國的氫彈之父泰勒博士找到楊振寧，他關切地問：「楊，我一直在關注著你，你是一個很不錯的學生。可是我聽說，最近你做的實驗並不是很成功。」

楊振寧點了點頭，他沒有想到自己實驗失敗的消息會傳到老師的耳朵裡面。不過，讓他感到意外的是，他的老師泰勒博士並沒有責備他。相反，在和他進行交流的時候口氣十分親切，

PART2 人生必要的喪失

放棄不成功的實驗

他的每一句話都像是潺潺流水一樣滋潤著楊振寧早已經乾旱枯竭的內心。

「也許，我認為你完全不必要執著於寫一篇實驗論文。我看過你寫的一篇理論論文，很不錯。我建議你可以把它豐富起來當成自己的博士論文，如果你願意的話，我想我十分高興能夠成為你的導師。」泰勒率真地表達了自己對楊振寧的喜愛，當他看著這個年輕人在通往科學的道路上一直遇到各種困難之時，心中除了著急之外，更多的是一份憐憫和慈愛。

聽到老師的話，楊振寧的心情十分複雜。堅持下去，成功的希望極其渺小；若選擇放棄，那便是對自己長久以來努力的否定。不服輸的個性讓他把完成一篇實驗論文當成了自己最大的目標，面對泰勒的盛情，楊振寧一時間亂了方寸。他不知道自己是應該婉言拒絕泰勒的好意，還是選擇放棄自己這麼長時間以來所有的努力。「麻煩您讓我考慮一下。」楊振寧說。

在林蔭路的遮陰下，陽光放棄了毫無作用的努力，把自己最後的地盤讓給了徐徐清風。楊振寧面對著家鄉的方向，想起了自己小時候的一件事情。

那是他在廈門上小學的時候，有一次手工課上，楊振寧興致勃勃、非常耐心細緻地將泥巴捏出一隻小雞。放學回家後，他拿著自己的得意作品興沖沖地讓爸媽看。看著自己孩子的手工品，父母兩人臉上都樂開了花。爸爸說：「孩子，你捏的人偶真是太漂亮了。」小小的楊振寧知道父母誤解了自己的作品，可是這又能夠怪誰呢？他也正是從這一次教訓中才知道自己的動手能力確實不強。從此之後，他再也沒有嘗試過手工藝品的製作。

堅持還是放棄，楊振寧望著家鄉的天空，幼年時天真的面龐若隱若現，他做的那只醜陋的

默許傷害

你若任人欺淩，就表示你毫不在意

小雞卻化成了天上的雲彩，浮現在遙遠的天際。

後來，他接受了泰勒博士的建議，放棄了實驗論文的撰寫。當他把全部精力投入到理論物理研究的時候，成功已經在不遠處向他招手了。

1957 年 10 月，楊振寧和李政道聯手摘取了當年的諾貝爾物理學獎。

放棄不成功的實驗，其實是巧妙避開自己的弱點，只有這樣，才能給自己充分發揮優勢的空間。改變有時候是十分困難的，但是只要勇敢地邁出第一步，就能打開一條通往成功的光明大道。不是我們不夠努力，只是選擇了錯誤的方向。學會放棄，才能讓你看清鏡子中自己真正的面龐。

★ 沒有不帶傷的船

在大海上航行的船隻，總要經歷暴風雨的侵襲，從而喪失了其剛剛出廠時的完美。然而，正是在歷經風雨之後，才能成就每一位船員的航海夢想。也許，退役的船隻缺少了最初的壯觀，但是它滿身的傷痕卻是無數傳奇故事的象徵和真實寫照。風暴之後，修補完傷口，能夠在遼闊無垠的海面上繼續航行的船隻，在面臨再一次乘風破浪的瞬間，必將有著毫不畏懼的決心和勇氣。

英國勞埃德保險公司曾經從拍賣市場上買下一艘船，它的經歷絕對比任何知名的船隻都富有傳奇色彩。這艘船於 1894 年首次下水，在它偉大的航行歷程中，曾經在大西洋上遭遇 138 次冰山的撞擊，受到 116 次暗礁的侵襲，它本身還被大火燒毀過13次，並且在同暴風雨的搏鬥中它的桅杆斷了 207 次。然而，就像是所有的冒險故事一樣，在一次次災難面前，這艘船依然沒有低下高昂的頭顱。它沒有選擇沉沒，而是在修補之後繼續傲視在大西洋海面上。

勞埃德保險公司是這艘船的投保公司，正是因為船隻不可思議的經歷，才讓該公司省下了很大一筆保險費用。當船隻已經到了終老的時候，保險公司決定把它買下來。而現在，它就停泊在英國薩倫港的國家船舶博物館裡面，身軀雖然破敗，但卻依然昂首挺胸。

參觀的遊人絡繹不絕。但是，這艘船並沒有因此而名揚天下，直到一位律師的到來。律師也是慕名而來，他不明白人們為什麼要摩肩接踵地去瞻仰一艘破敗的船體。直到他親眼目睹了船的形狀，並且聽完了這艘船的經歷之後，才深深為它的精神所折服。而這，也開啟了律師人生的新篇章。

默許傷害

你若任人欺凌，就表示你毫不在意

他並不是一個好律師，凡是他經手的案例，成功率總是微乎其微。前不久，他經手的一件案子在法庭上敗訴了，他的委託人因為受不了打擊而跳樓自殺。儘管這不是他第一次敗訴，儘管這也不是他第一次遇到委託人自殺，但是深深的自責讓他無法逃出罪惡的陰影。他在心中給自己假設出無數個如果，如果自己當初在法庭上能夠強有力地辯倒對方的律師，如果自己當初在法學院能夠學到更多的知識，如果在以往的工作之中能夠從同事身上汲取更多的營養，如果……然而，所有的假設都只能是假設，他已經再無力去背負起這些罪責。

他不知道怎麼樣去安慰在生意場上失敗的委託人，彷彿他們把所有的寶都壓在自己身上，因而，他的雙肩只能義無反顧地挑起並不適合他的重量。一次次被壓倒，他都相信自己能夠一次次站起來。可是，他的堅強並不等於委託人的豁達。當委託人從高高的樓頂墜下的時候，他看到自己年輕時堅持的夢想也從風中墜落，在落下的瞬間化成一地碎片。

他哭了。在面對這艘船的時候，他哭了。或許眼淚是最好的排解之藥，在淚水從臉上撲簌簌地落下時，他才明白堅強的意義。他知道，不但自己應該堅強，更應該懂得什麼叫失敗。航行在大海上的船隻，又怎麼可能避開風浪的侵襲呢？既然無法逃避，那麼就勇敢面對。即便輸掉了所有，還能留下一世英名。

他把這艘船的歷史記錄翻抄了下來，並且把殘破船體的照片發給了自己的所有委託人。他

PART2 人生必要的喪失

沒有不帶傷的船

要告訴他們，人生無論輸贏，能夠在風雨之中讓自己保存完好，就是成功。他建議他認識的人們都去看這艘船，他說：「在大海上航行的船，沒有一個是不帶傷的。」

受了傷並不可怕，可怕的是連受傷的勇氣都沒有。這是他在參觀完之後寫下的第一句話，他是在告誡自己，也是在告誡委託人。或許，在他今後的事業之中，依舊會面臨許多失敗。屢敗屢戰，才是向成功接近的一種執著。因為，失去僅僅只是人生的開始。

★扼住命運的咽喉

1770年，在波恩一間頹敗的簡陋小屋裡面，誕生一個皮膚通紅的嬰兒。然而，誰也沒有料到，他在成人之後，將會成為世界上最偉大的作曲家——貝多芬。

由於父母感情不和，並且童年的生活極度窮困，貝多芬從小就養成了孤僻、倔強和不羈的性格。在他幼小的心靈中，從來沒有向生活低過頭。他的一生，始終孕育著強烈而深沉的感情。正是源於對生活的熱愛和對命運的不屈服，才最終促使他走上了一條輝煌的道路。

然而，當生活的重壓一步步向他逼來的時候，年輕的貝多芬不得不擔當起養家糊口的重擔。憑藉著在音樂上的天分，他十二歲的時候就開始學著獨立作曲，十四歲便開始參加樂團的演出，並且還能夠領取一定的補助。然而，上天並沒有因此而垂憐他。在貝多芬十七歲的時候，他的母親病逝了，為了安葬母親，他幾乎花光了家裡面所有的積蓄。此時，貝多芬尚有兩個年幼的弟弟和一個妹妹需要照顧，他的父親早已經不堪生活的重壓而整日醉酒於煙花巷。這些苦難似乎並沒有從此停止，不久之後，貝多芬又染上了傷寒和天花。所幸的是，這兩種可以致死的疾病並沒有奪去他的生命，他用稚嫩的肩膀扛起了生活中更多的重量。

他從來不向命運屈服的性格，使他每一次在面對磨難的時候，都能夠微笑著站立在最頂端，俯視所有的厄運。為了生活，貝多芬一直在宮廷樂隊工作，這為他的創作提供了很好的機遇。從他的音樂中，我們從來看不到生活的苦難，永遠只有奔流的情感生生不息，給人以向上的力量。抑或者，像是在柔軟的月光之下，靜靜傾聽蟬鳴的聲音，一如大自然的神秘和莊重，飄渺幽遠，耐人尋味。

可是，當貝多芬在音樂界剛剛嶄露頭角的時候，一個可怕的噩耗降臨了。他發覺自己的聽力開始衰退，作為一個作曲家，這將是致命的打擊。如果再不能聽到各種美妙的聲音，那麼他的創作靈感又從何而來呢？為了掩飾真相，貝多芬儘量不去參加各種聚會，以免被人發現自己失聰的真相。但紙裡面永遠包不住火，當他的兩隻耳朵完全失聰的時候，他才真正認識到命運的不公。

貝多芬選擇了躲避。他把家搬到了維也納郊外的海利根斯塔特，從此，過起了隱居的生活。「一點休息都沒有——除了睡眠，我不知道還有什麼時間休息。」貝多芬如是說。在與世隔絕的環境之中，他並沒有放棄自己的最愛，相反，貝多芬用更大的熱情投入到了創作之中。沒有人知道他的痛苦，除了可以聆聽到他音樂之中永不屈服的意念之外，沒有人能夠真正領會到一個雙耳失聰的人是如何在音樂之路上蹣跚前行的。

後來，貝多芬在一份遺囑裡面寫道「我不可能對人家說『大聲點，大聲點，因為我是一個聾子』。我本來就有一種優越感，認為自己是完美無缺的，比任何人都要完美，簡直是出類拔萃。我怎麼能夠承擔這種可怕的病症呢？別人站在我的身邊能夠聽到遠處的長笛聲，而我卻什麼也聽不到，這是一種多麼大的恥辱啊！諸如此類的經歷簡直把我推進了絕望的深淵——我甚至曾想到了要自我了斷。」

默許傷害

你若任人欺凌，就表示你毫不在意

在命運抉擇的交叉口，貝多芬也在迷茫和徘徊。然而，最終他依舊選擇了向命運挑戰。「是藝術，只是藝術挽留了我。在我尚未把我的使命全部完成之前，我不能離開這個世界。」貝多芬對他的朋友說。「我要掐住命運的咽喉，它休想使我屈服。」這句話，成了貝多芬一生堅持奮鬥的力量之源。

在耳聾之後，貝多芬比以前更加發奮和努力。在緊張的創造之中，他放棄了所有的休息和娛樂，似乎工作就是最好的消遣方式。他一生一共創作了9首編號交響曲、35首鋼琴奏鳴曲、10部小提琴奏鳴曲、16首絃樂四重奏、1部歌劇、2部彌撒、1部清唱劇與3部康塔塔，另外還有大量室內樂、藝術歌曲與舞曲。其中很大一部分作品是他在耳聾之後憑藉著對生活和藝術的執著與嚮往中完成的。

「掐住命運的咽喉。」錚錚的鋼琴聲向每一個行走在貝多芬墓前的人們怒吼著……

PART 3 諒解是通向神殿的門檻

原諒是美麗的，而且比復仇情緒更美更有效。這是愛的開始，是聖潔的無私的愛的開始。嘗試如此去愛的人，在這種愛裡完善自己的人，最終會意識到，在至高的境界裡，傲慢、虛榮、恨和復仇都會被永遠驅除，善意與和平是永恆無限的。

在這種寧靜的默默的境界裡，甚至連諒解也消失了，因為不再需要諒解，因為達到這種境界的人看不到令人恨的惡，看到的只是無知和一時的迷惑，這時需要的是同情。

在完美的境界裡一切欠缺的境地都得到了圓滿。諒解是通向至潔之愛這座無瑕神殿的門檻。

★ 被偷換的禮物

一個週五的早晨，摩斯的禮品店依舊開業很早。摩斯靜靜地坐在櫃檯後邊，欣賞著禮品店裡各式各樣的禮品和鮮花。

忽然，禮品店的門被推開了，走進來一位年輕人。他的臉色顯得很陰沉，眼睛掃描著禮品店裡的禮品和鮮花，最終將視線固定在一個精緻的水晶烏龜上面。

「先生，請問您是想買這件禮品嗎？」摩斯親切地問。可是，年輕人的眼光依舊很冰冷。

「這件禮品多少錢？」年輕人問了一句。

「50元。」摩斯回答道。年輕人聽摩斯說完後，伸手掏出50元錢丟在櫥窗上。摩斯很奇怪，自從禮品店開業以來，她還從沒遇到這樣豪爽、慷慨的買主呢。

「先生，您想將這個禮品送給誰呢？」摩斯試探地問了一句。

「送給我的新娘，我們明天就要結婚了。」年輕人依舊面色冰冷地回答著。摩斯心裡咯噔一下：什麼，要送一隻烏龜給自己的新娘，那豈不是給他們的婚姻安上了一個定時炸彈？摩斯沉重地想了一會兒，對年輕人說：「先生，這件禮品一定要好好包裝一下，才會給你的新娘帶來更大的驚喜。可是今天這裡沒有包裝盒了，請你明天再來取好嗎？我一定會利用今天晚上為您趕制一個新的、漂亮的禮品盒……」

「謝謝你！」年輕人說完轉身走了。

PART3 諒解是通向神殿的門檻

被偷換的禮物

第二天清晨，年輕人早早地來到了禮品店，取走了摩斯為他趕制的精緻的禮品盒。他急匆匆地來到了一處熱鬧的結婚禮堂，一對新人正在舉行儀式，而新郎並非這位冰冷的年輕人，他快步跑到新娘跟前，雙手將精緻的禮品盒捧給新娘。而後，轉身迅速地跑回了自己的家中，焦急地等待著新娘憤怒與責怪的電話。

在等待中，他的淚水撲簌簌地流了下來，有些後悔自己不該這樣去做。傍晚，婚禮剛剛結束的新娘便給他打來了電話：「謝謝你，謝謝你送我這樣好的禮物，謝謝你終於能明白一切了，能原諒我了……」電話的一邊新娘高興而感激地說著。年輕人非常疑惑，什麼也沒說，便掛斷了電話。但他似乎又明白了什麼，迅速地跑到了摩斯的禮品店。推開門，他驚奇地發現，在禮品店的櫥窗裡依舊靜靜地躺著那只精緻的水晶烏龜！

一切都已經明白了，年輕人望著眼前的摩斯。而摩斯依舊坐在櫃檯後邊，朝著年輕人輕輕地微笑了一下。年輕人冰冷的面孔終於在這瞬間被改變成一種感激與尊敬：「謝謝你，謝謝你，讓我又找回了我自己。」

摩斯只是將水晶烏龜這樣一件定時炸彈似的禮物換成了一對代表幸福和快樂的鴛鴦，竟在這短短的時間內最大程度上改變了一個人冰冷的內心世界。

沒錯，如果我們能給人一點寬恕，它將帶給人一個重新獲取新生的勇氣，去面對他人一生中的另一個幸福時刻。

★二十年的仇恨

20世紀50年代，美國建築大王凱迪的女兒和飛機大王克拉奇的兒子，在兩家父母的撮合下，彼此有了情分。但兩個人的來往並不順利，總是碰碰撞撞的，爭吵時有發生。兩家人都是社會上的名流富商，兒女們的這種關係，讓他們大傷腦筋。他們甚至擔心，會不會發生什麼不測。

誰也沒想到，擔心什麼就有什麼，令他們震驚的事還是發生了，凱迪的女兒竟然被克拉奇的兒子毒死了。

克拉奇的兒子小克拉奇因一級謀殺罪被關進大牢，兩家人的身心因此受到沉重的打擊。從此兩家人的生活變得暗無天日。克拉奇的兒子在事實面前卻拒不承認自己的罪行，這使凱迪一家非常氣憤。而克拉奇一家也在拼命為兒子奔走上訴。如此一來，兩家人便結下了深仇大恨。

一年以後，法院做出終審，小克拉奇投毒謀殺的罪名成立，被判終身監禁。克拉奇為了能讓兒子得到緩刑，也為了消除兒子的罪惡，轉彎抹角不斷以重金為凱迪一家做經濟補償，以便凱迪能不時地到獄中為兒子說情。克拉奇每一次的補償都是巧妙地出現在生意場上，這使得凱迪不得不被動接受。

而凱迪每得到克拉奇家族的一筆補償，就像是接過一把刺向自己內心的刀，悲痛難言。凱迪埋怨自己，也埋怨女兒當初怎麼就看錯了人。而克拉奇的全家更是年年月月天天生活在自責中，他們怨恨沒有教育好自己的兒子。

兩家人都是美國企業界中的輝煌人物，然而生活卻如此的捉弄他們，讓他們不得安寧。一年又一年，兩家人的心情被巨大的陰影所籠罩，從來沒有真正地笑過。他們承認，這些年為此所付出的心理代價是用再多金錢也換不來的。

20年過去了，一件極為偶然的事件使事情全都變了樣，一名被判投毒的閃犯一再上訴，不承認自己給人投毒。這時醫學已經有了很大的了展，經過多次化驗，發現死者原來是因為服用了一種罕見的藥物而中毒與所謂的兇殺毫無關係。

這和20年前克拉奇兒子謀殺凱迪女兒的事件一模一樣，原來也是一個誤判。加年後，克拉奇的兒子被釋放出獄。但是整整20年，凱迪與克拉奇兩家人，卻因為這件事，在心理上形成了彼此的仇恨，他們成了這個世界上受傷最大又最不幸的人。

事實證明，凱迪女兒的死，並不涉及情仇。事情引起了美國媒體非常大的轟動，面對報社的採訪，凱迪與克拉奇兩家都說了同樣的話：「20年來，我們付不起的是我們已經付出的，又無法彌補的心態。」

人生漫漫，當事情過去，當經歷的已經經歷，人們便會發現，我們身在其中所受的苦，我們所飽嘗的種種滋味，正是我們曾經所付出的一種又一種心態。「我們付不起的是心態。」這是克拉奇與凱迪兩家人，在經過20年的體驗後所總結出來的一句至理名言。人生在世，我們常常付不起的，正是生活中某類事件對我們心態所形成的那種漫長主宰。是這種心態，改變甚至

默許傷害

你若任人欺凌，就表示你毫不在意

毀滅了許多人的生活。

仇恨是一枚威力強大的定時炸彈，誰把它攜帶在身上，放在心上，到頭來難免自食其果。仇恨能蒙蔽一個人的眼睛，使他只看到生活中的黑暗與醜陋。彼此含恨在心，等於同歸於盡，以至於大家的心永遠也得不到安寧。

當你感到憤恨的時候，嘗試一下抬起頭來仰視美妙的星空，感受一陣清風明月的怡然，恨意會隨之減弱甚至消逝。

放下仇恨吧，朋友，你將發現：寬恕別人其實就會使自己快樂！

★把敵人變成朋友

不論是在商場上還是在戰場上，不論是針對他人還是針對自己，在我們人生歷程之中總會遇到形形色色的人們，當你我之間的意見相左時，我們便可以稱之為敵人。

是的！就像是需要把所有的仇恨都在敵人身上傾瀉出來一樣，敵人是一個讓我們隨時都提心吊膽的詞語。因為我們無法控制住自己在面對敵人時複雜的感情，理智總會被感情的力量征服，從而導致你我犯下一個個本來不應該犯的錯誤。

可是，敵人就應該是被打倒的嗎？比爾．蓋茨用行動，向我們說了「NO！」

眾所周知，個人電腦行業中的兩大巨頭——微軟和蘋果，從創業之初就鬥爭不斷。一直處於敵對狀態的兩個公司，為了爭奪個人電腦的市場佔有率，一度展開了白熱化的戰爭。然而，憑藉著出色的經商才能，比爾．蓋茨率領的微軟公司在上世界九十年代中期，就已經佔領了大約百分之九十的市場。也就是說，蘋果公司只能和一些中小廠商去爭奪剩下的百分之十的市場。因此，蘋果公司已經被微軟逼到舉步維艱的地步了。

然而，在1997年，比爾．蓋茨卻做出一個令世人十分不解的舉動。他從微軟公司拿出1.5億美元投資到了蘋果公司，從而把瀕臨破產的蘋果公司從懸崖上拉了回來。沒有人理解比爾．蓋茨的舉動，難道他的競爭對手從此倒下去不是一件值得高興的事嗎？更讓人難以理解的事情還在繼續發生，在2000年的時候，為了推進蘋果電腦符合用戶的使用習慣，微軟專門根據蘋果電腦的模式研製出了適合蘋果平臺的 OFFICE 2001。從此，微軟便和蘋果結下了不解之緣。他們並沒有成為不共戴天的仇人，也沒有成為惺惺相惜的「一家人」，在彼此正當的競爭之中，兩家公司進入了一個全新的合作領域，從而實現了彼此之間的雙贏。

如果說你不理解比爾．蓋茨的舉動的話，那麼還有件事情，更讓你難以明白這究竟是為了什麼。

美國的 Real Networks 公司為了反對微軟公司的壟斷經營，曾經向法院提起訴訟，將大名鼎鼎的比爾．蓋茨推上被告席，並要求其賠償損失十億美元。可是，在雙方之間的官司還沒有最後定論的情況之下，Real Networks 公司的首席執行官格拉塞竟然致電比爾．蓋茨，希望他能夠給他們提供一些技術上的支援，幫助 Real Networks 公司研發可以在網路和可攜式裝置上播放的音樂檔。

所有人都認為，格拉塞的行動簡直是一場玩笑。坐在被告席上的比爾．蓋茨怎麼可能同意幫助自己的對手呢，而且這個人正在透過法律手段來制裁微軟公司並且還向要求索賠十億美元。然而，比爾．蓋茨再一次做出了驚人之舉。他對格拉塞提出的合作建議非常感興趣，並且還表現出歡迎的姿態。比爾．蓋茨透過官方發言人向媒體宣佈，如果雙方展開合作的話，那麼他一定會全力相助格拉塞。

故事似乎到此已經結束，但是在比爾．蓋茨身上發生的兩件常人難以理解的事情，卻一直在糾纏著人們的好奇心。這絕對不是巧合，更不是比爾．蓋茨一時糊塗而犯下的大錯。微軟的

PART3 諒解是通向神殿的門檻
把敵人變成朋友

成功一方面來自於比爾·蓋茨對電腦的研發，另一方面則要歸功於他對商機的把握，其對競爭對手秉持寬容的態度也是競爭策略之一。

在面對對手或敵人的時候，打倒他並不是難事，難的是在一個敵人倒下去之後，你是否還有能力和勇氣去面對更多的敵人？或者你在已經戰鬥到了王者至尊的地步時，少了競爭對手你是否還能夠明確地辨別出努力的方向。

有一個旗鼓相當的競爭對手，可以說是人生的一件幸運的事。他可以時常提醒你在決策上的漏洞和失誤，並且還能夠讓你隨時保持著昂揚的鬥志，讓你打起十二分的精神，積極備戰下一次的決鬥。

所以，不論在什麼情況之下，我們都不是要打倒對手，而是要從對手身上發現更有利於自我發展的機會和目標。站到對手身邊去，才能夠把你的敵人變成自己的朋友，才能走上雙贏的捷徑。

★交換一小時

羅奧斯是一個員警，常年奔波在外，這讓他完全沒有時間去享受屬於自己的安寧生活。退休之後，他用所有的積蓄在湖邊買了一套房子。這裡環境優雅，每天早晨還可以去湖邊跑步。「這是一個不錯的選擇。」羅奧斯在看房子的時候這樣告訴自己。

辦完手續的第二天，他就收拾好了全部家當，開始棲身在這一處湖邊的寓所。然而，隔天早晨，當羅奧斯還在甜蜜的夢鄉之中時，一陣咿咿呀呀的聲音把他驚醒。細聽之下，才明白原來是隔壁的住戶在練嗓子。羅奧斯強忍住自己的怒火沒有發作，但是再想要蓋上棉被繼續睡覺，才發現睏意早已經被驅趕到九霄雲外。

整整一個星期，羅奧斯都會被她練嗓子的聲音吵醒。本以為退休之後，可以安享晚年的生活，可是現在他的計畫已經完全被鄰居給打亂了。

忍無可忍的羅奧斯最後還是敲開了鄰居的房門。開門的是一位和他年齡相仿的女士，羅奧斯用儘量聽起來比較舒服的語氣說：「太太，我想你練嗓子的聲音吵到我睡覺了。你能不能換一個時間段練習呢？」

女人名叫莉娜，她一臉不高興地說：「先生，我是在我家裡面練聲音的，應該不會干涉到你的權利吧。如果你覺得我們互相衝突的話，你可以換一個時間段去睡覺。」

羅奧斯碰了一鼻子灰，倔強的他絲毫不想在嘴巴上占下風。他陰陽怪氣地對莉娜說：「天

PART3 諒解是通向神殿的門檻

交換一小時

啊，你竟然把那稱之為練聲。簡直是可怕的噪音！」

莉娜也來了火氣，她揮舞著雙臂，大聲吼說：「先生，你就不能停止你的惡作劇嗎？我先在這裡住下的，而且我一直都保持著早晨練嗓子的習慣。就憑你，想要改變我的習慣，想得美！」說完，她用力地把自己的大門摔了一下，關門的聲音在走廊裡面來回震盪著，似乎在重複著把羅奧斯趕走的話語。

「真是一個不可理喻的人。」羅奧斯搖了搖頭，離開了莉娜的院子。

正當他想要煮一杯咖啡的時候，門鈴響了。羅奧斯打開門，驚訝得發現門口站著的是莉娜，她手裡面還拿著一根魚竿。「先生，我首先為剛才的無禮道歉。」莉娜說，「我想，為了避免我們之間的衝突，你可以在我練嗓子的時間裡出去釣釣魚。這是我先生生前使用的魚竿，如果你願意的話，請收下它吧。」

莉娜道歉的態度很誠懇，可是羅奧斯卻不想就這樣輕易饒了她。他板起臉，說：「太太，我想我沒有辦法收下你的禮物。」

莉娜很是不解，她急忙說：「沒關係，你要是不想白白收下的話，我可以教你學習聲樂，你可以用這只魚竿來教我釣魚。」

羅奧斯打斷莉娜的話，說：「其實，我並不想教你釣魚。」

莉娜一聽，剛剛還滿是笑容的臉龐馬上僵硬下來。她收起自己的魚竿，一句話沒有多說就離開了。望著莉娜離去的背影，羅奧斯心中不禁有一些落寞。他突然間覺得，她的背影是如此

默許傷害
你若任人欺凌，就表示你毫不在意

迷人，衣服上的褶皺彷彿都是按照她身材的比例特意裁剪出來的一樣。羅奧斯忽然間發覺，自從十年前妻子去世之後，自己還是第一次如此專注地看一個女人。

正當他在屋子裡面仔細回想剛才是不是有點太超過的時候，莉娜又一次按響了門鈴。這一次，她牽著一個小女孩。羅奧斯剛一開門，莉娜就直截了當地說：「先生，如果不是萬不得已，我是不會再來這裡了。這個孩子迷路了，我想你可以幫她聯繫當地的警察局。」

羅奧斯沒有多說話，他抓起電話就給當地的員警朋友撥了過去。很快，女孩在員警的幫助下回到了父母身邊。當羅奧斯想要詢問莉娜是如何發現小女孩的時候，才發現她早已經回到了自己家裡面。羅奧斯心中突然產生了一種奇怪的感覺，他想要去拜訪莉娜，感謝她的好心腸。

可是，當他剛打開門的時候，莉娜正端著一些自己做的蛋糕來到他門前。「先生，不管我們以前發生過什麼，你幫助了小女孩，我看得出來你是一個好人。如果你不介意，請你嘗嘗我親手製作的蛋糕。」

羅奧斯受寵若驚，他忙請莉娜進來坐。他結結巴巴地說：「太太，如果你想要學釣魚的話，也許我可以……」

莉娜笑了一下，說：「我們彼此交換一小時，你教我釣魚，我教你聲樂。」

羅奧斯高興地站了起來，說：「好的，我們交換一小時。」

第二天的清晨，在那一片蔚藍的湖水邊，一個老人坐在那裡安祥地垂釣，而一位太太則在他旁邊唱著義大利歌劇中最美的詠嘆調。

PART3 諒解是通向神殿的門檻

交換一小時

他們兩人每天都會準時出現在相同的地點。後來，羅奧斯賣掉了自己的房子，他搬到了隔壁去住。因為，他和莉娜規畫，在下個月的時候一起走進婚姻的殿堂。

★發燙的槍管

這是一個震撼每一個人靈魂的故事，這是一個關於兄弟情義的故事，這是一個生死抉擇的故事，這是一個每一個人在面臨相同的處境之時都不知道自己會如何處理的故事。

故事發生在二戰期間。一支精銳部隊在叢林中遭到了敵人的埋伏，雖然驍勇善戰，但是卻因為寡不敵眾而幾乎全軍覆沒。唯一死裡逃生的是兩個平時關係最好的戰友，安德森和傑瑞。從敵人的槍林彈雨之中能夠撿回一條性命，已經是不幸之中的大幸了。

可是，憑藉著堅強的求生意志，兩人並沒有止步於此。他們明白，在熱帶叢林之中，只有兩個人是不可能走出去的。他們需要面對的，是比敵人的子彈更可怕的叢林。這裡有複雜到無以復加的地形，這裡有各種隨時都可能出沒在你身邊的野獸和毒蟲。然而，另一個更為迫切地需要解決的問題是，他們的飲用水和食物正在逐漸減少。在叢林中多待一天，他們就要多消耗一些體力和食物，這也意味著他們離死神又近了一步。

已經記不清楚過了多長時間，雨林中潮濕悶熱的環境讓兩個人的精神到了幾乎崩潰的邊緣。他們倆一起還在堅持著。

安德森摸了摸自己的口袋，回頭告訴傑瑞不用擔心，還有最後一塊鹿肉足以讓他們堅持下去，直到走出這片叢林，找到大部隊。

10餘天過去了，仍然沒有與部隊聯繫上。他們僅靠身上僅有的最後一塊鹿肉維持生存。再

PART3 諒解是通向神殿的門檻

發燙的槍管

經過一場激戰，他們巧妙地避開了敵人。剛剛脫離危險，走在後面的傑瑞竟然向走在前面的安德森開了槍，子彈打在安德森的肩膀上。

開槍的傑瑞害怕得語無倫次，他抱著安德森淚流滿面，嘴裡一直念叨著自己母親的名字。安德森碰到開槍的傑瑞發燙的槍管，怎麼也想不明白自己的戰友會向自己開槍。但當天晚上，安德森就寬容了傑瑞。後來他們都被部隊救了出來。

此後30年，安德森假裝不知道此事，也從不提及。安德森後來在回憶起這件事時說：戰爭太殘酷了，我知道向我開槍的就是我的戰友傑瑞，知道他是想獨吞我身上的鹿肉，知道他想為了他的母親而活下來。直到我陪他去祭拜他的母親的那天，他跪下來求我原諒，我沒有讓他說下去，而且從心裡真正寬容了他，於是，我們又做了幾十年的好朋友。

★為克明頓泡一杯茶

克明頓氣衝衝地來到老闆的辦公室門前，他抬起的手本來想重重地拍在門上，可是在一轉念的瞬間，他還是選擇了輕輕敲門的方式。

「請進！」屋子裡面響起一個甜美的女聲。克明頓知道，她是老闆的女秘書，一般情況下在約見老闆的時候都要先透過女秘書這一關。

「我是克明頓，我和老闆已經約好時間見面了。」克明頓滿臉怒氣地說。

女秘書則保持著很好的職業素養，她並沒有因為克明頓的不和氣而生氣。相反，她微笑著請克明頓坐下稍等，轉身進去向老闆通報去了。

克明頓這一趟是有備而來，長期加班已經讓他和眾多的工友不堪忍受。而每天晚上，老闆則會在九點的時候準時離開，可是他們卻要加班到十點才算結束。「我們雖然是最底層的工人，可是我們也是人啊，怎麼能動不動就讓我們加班呢？一年到頭，賺不了多少錢，反而要累死在這一對破銅爛鐵旁邊。」克明頓義憤填膺地對身邊的工友們說。

他的一席話引起了強烈共鳴。大家一致認為，應該和老闆把這件事情談清楚，否則就要用罷工的方式來解決問題。克明頓被選為代表，來和老闆洽談加班的事情。在進屋之前，克明頓早就想好了應該如何去陳述自己的理由。坐在老闆辦公室舒適的沙發上，他似乎看到了對面的老闆在埋頭沉思，更看到了眾工友歡呼雀躍的場面。克明頓的嘴角不自覺地露出一絲微笑。

PART3 諒解是通向神殿的門檻

為克明頓泡一杯茶

秘書進去向老闆通報的時候，他正在審閱一份重要的文件。當秘書講明白是怎麼回事之後，老闆微微沉默了幾秒鐘，然後信心十足地對秘書說：「請你給他一杯上好的咖啡或茶。他是我的工人，我的工廠正是因為他們的存在才能正常運作下去。所以，你明白應該怎麼做的！」

老闆微笑著看著秘書，漂亮的女秘書明白了老闆的意圖。她來到克明頓前面，用自己所能夠呈現的最美笑容說：「先生，老闆現在正在審閱一份重要的文件，請你在這裡稍等幾分鐘。請問，您是喝咖啡還是茶呢？」

克明頓被秘書的問話弄得有點找不到北，他不明白，為什麼自己作為一個被剝削的工人階級代表前來找老闆算總帳，還能夠得到如此待遇。「我是克明頓，我的意思是說我是工廠裡面的工人克明頓。」克明頓幾近咆哮地對秘書說。

秘書笑了笑，說：「是的，先生。你是工廠裡面的工人，可是正是你們的辛勤勞動維持了工廠的正常運作。老闆說，他每天晚上九點走的時候，看到你們依舊堅持在生產第一線上，心中對你們充滿著感激之情。所以，你們雖然工作在最苦最累的崗位上，但是老闆時刻也沒有忘記你們。他告訴我，應該用最好的咖啡來招待他的恩人。」

秘書說完之後，望著克明頓等待著他的回答。克明頓猶豫了一下，低聲說道：「那我就喝茶吧。」秘書轉身從另一間屋子裡面端出一份糕點和茶水放在克明頓面前。第一次受到如此待遇，讓克明頓感到局促不安。突然之間，他覺得自己對老闆不再恨之入骨了。他覺得，自己辛

默許傷害

你若任人欺凌，就表示你毫不在意

辛苦苦為工廠加班的同時，並沒有被坐在辦公室喝咖啡的老闆所遺忘。只要老闆常常惦記著他們，明白他們為工廠所付出的辛勞，這就已經極大地滿足了他內心的渴望。

正在這時，老闆從裡屋走了出來。疲倦的眼神顯示他已經好久沒有睡過安穩覺了，不過當他看到正坐在旁邊等待著的克明頓時，馬上迎上前去和他握手。「你好，克明頓。很抱歉，我剛才在審閱一些文件，讓你在這裡久等了。聽說你找我有要緊的事情？」

克明頓原先已經計畫好的臺詞全都沒有派上用場，他緊緊地握住老闆的手，激動地說：「老闆，你真是太辛苦了。我今天來，是代表所有的工友對你表示慰問的。」克明頓自己都驚訝自己怎麼會說出完全相反的話語，不過他並不後悔，因為這才是他現在真心要表達的感情。

克明頓離開之後，老闆朝秘書露出了開心的笑容。「下次，記得要給他泡一杯茶。」他用略顯疲憊的嗓音對秘書說道。

★自由鬥士曼德拉

已逝南非前總統曼德拉世人皆知，他是南非的民族鬥士，一生都在為自由而戰。因為領導了反對白人種族隔離政策的運動而入獄的曼德拉，並沒有因為年齡的問題而在監獄之中得到絲毫的人性待遇。他被白人統治者關在大西洋上荒涼的羅本島，27年的時光，足以摧毀一個人的青春和鬥志。然而，在一次次地遭遇非人的折磨之後，曼德拉卻顯得更加寬容。

曼德拉被關在集中營中一個「鋅皮房」裡面，白天的時候，他要在採石場把大塊的石頭碎成石料，有時還需要從冰冷的海水裡面撈取海帶。由於曼德拉是重犯，官方對他的看守十分嚴格。在需要完成如此沉重的勞動任務的同時，有三個人獄卒堅守在曼德拉身邊。可是，三個人之中沒有一個人對曼德拉表示過友好，尋找理由折磨這位老人成為他們的一種樂趣和習慣。

然而，當曼德拉出獄並且當選總統之後，在就職典禮上，他做出了一個令全世界都為之震驚的舉動。

就職儀式開始之後，曼德拉先生起身向他的來賓致謝。場下掌聲雷動，因為曼德拉的就職，不僅僅標誌著南非這塊土地上換了一個新的領導人，他更像是一座燈塔，在這塊盛產黃金和鑽石的土地上，為所有的黑人們重新尋找到生存和生活的方向。

在介紹完各國政要之後，曼德拉說，他非常感謝到場的各位貴賓，正是因為他們的到來，才讓南非人們重新吸引了世界的目光。可是，最讓他感到高興和激動的卻是三位不同尋常的客人，他們就是當年關押曼德拉的三名獄卒。是曼德拉先生特別邀請的他們，因為，在他內心之中，一直對這三個人充滿了感激。

是的，沒有怨恨和憤怒，二十七年的牢獄生涯讓曼德拉學會的只有感激和寬容。他緩緩地站起身，恭敬地向三個獄卒致以崇高的禮節。這時，在場的所有來賓都安靜下來，他們想要仔細聆聽這樣一位偉人如何表達自己的心聲。

曼德拉細細回味起獄中的艱辛，他用滄桑的聲音道出了自己的心聲。他說，自己在年輕的時候個性很急躁，暴躁的脾氣是各種禍端的起源。在獄中，在三位高高舉起的皮鞭之下，他學會了忍耐。控制情緒並不是一件容易的事情，可是曼德拉用了27個年頭學會了一件事情。遭遇苦難的時候，他從沒有怨恨過任何人，他知道，所有的獄卒也僅僅只是白人們統治的工具。他寬容了他們，寬容了每一個曾經對他施虐的人們。他說，感恩與寬容源自痛苦與磨難，他必須以極大的毅力來迎接挑戰。

當有人讓他描述出獄時的心情時，曼德拉說道：「當我走出囚室、邁向通往自由的大門時，我就已經清楚，自己若不能把悲痛與怨恨留在身後，那麼我其實仍活在獄中。」

為了自由而戰，這是曼德拉一生的描述。可是，自由又是什麼？曼德拉已經給出了答案，當我們用寬容的心去化解悲痛和怨恨的時候，所有的牢籠都只是一種存在的形式，它們永遠無法束縛你自由飛翔的心靈。

★紳士的道歉

寬容是一種風度，可是能夠把這種風度保持在紳士行為之下，才可以稱之為極致。面對曾經傷害過自己的人，寬容是最偉大的救贖；面對自己曾經傷害過的人，我們更需要勇氣來寬恕自己。

1754年，華盛頓率領部下駐紮在亞歷山大市。當時，這個地方正在舉行弗吉尼亞州議會議員的選舉，有一個名叫威廉·佩恩的人反對華盛頓所支持的候選人。這本來是一場民主的選舉，可是在針對如何進行選舉的討論之中，華盛頓和威廉之間發生了爭執。

討論進行得很激烈，華盛頓說出的每一句話都帶有很強的政治觀點。言多必失，他一句無心的話語惹怒了威廉。所有的人都沒有想到，威廉以迅雷不及掩耳之勢沖到華盛頓面前，火冒三丈的他一拳將華盛頓打倒在地。全場頓時發生了騷亂。當華盛頓的部下跑上來要教訓佩恩時，華盛頓急忙阻止了他們，並勸說他們返回營地。

在這樣重要的場合發生如此糟糕的事情，在場的所有媒體都把這則消息當作是頭版頭條報導了出去，華盛頓的名譽頓時掃地。

換作是普通人，一定不會放過威廉。然而，華盛頓後來的做法不僅為他及時挽回了名譽，更讓他獲得了一位忠實的追隨者。

事後，華盛頓並沒有利用自己的職權之便對威廉採取制裁。相反，在第二天清晨，華盛頓以私人的名義邀請威廉到一家小酒館見面。怒氣未消的威廉以為華盛頓在向他發起挑戰，因此他做足了準備。他希望，在酒館的決鬥能夠讓華盛頓徹底滾出這片土地。

然而，當威廉來到小酒館的時候，華盛頓的身邊並沒有放著槍械，這讓他很是不解。

華盛頓坐在清晨的陽光之中，桌子上放著兩杯滿滿的啤酒。看到威廉前來赴約，華盛頓優雅地起身，向他做出了一個請坐的手勢，臉上則帶著和藹的微笑。

威廉不明白華盛頓葫蘆裡面賣的是什麼藥，但是他知道自己的使命，就是和華盛頓決一死戰。他抖了抖一下臉上的橫肉，說：「小子，我不管你要做什麼，總之我已經做好了決鬥的準備。如果你沒有槍，我倒是可以借給你一把槍。」

威廉的話中帶有明顯的挑釁意味，然而華盛頓依舊是滿臉燦爛的笑。他喝了一口面前剛剛釀好的啤酒，又重新站起來，對威廉說：「我尊敬的將士，我知道每個人都會為了尊嚴而戰。所以，對於昨天的事情，我想我應該首先向你道歉。但是，你已經用屬於你的方式贏回了自己的尊嚴。那麼，現在如果你願意喝下這一杯啤酒的話，我希望我們可以不計前嫌，從此成為朋友。」

威廉從沒想過華盛頓是專門來向自己道歉的。他憤怒的臉龐開始變得僵硬，他不知道應該以什麼樣的表情迎接華盛頓的道歉。是的，華盛頓曾經錯了，但是自己的方式未免也太過於極端。威廉在心裡面開始自責。

「作為一名紳士，我覺得我們應該勇敢承認犯下的錯誤，並且努力去改正它。」華盛頓向威廉伸出手，說：「請握住我的手，我的朋友。」

威廉再也沒有猶豫，他緊緊地握住了華盛頓伸出的友誼之手。因為，在威廉看來，華盛頓已經不是一個政治上的敵對目標，他更像是一個在人生的道路上指引自己前行的風向標。正是他寬廣的胸懷，才能夠幫助美國從殖民地中脫離出來；因為他寬廣的胸懷，才會贏得全美人民的愛戴。威廉已經深深地為華盛頓所折服，他似乎隱約知道，現在站在自己面前的人，將來必定是一個偉大的人，一個書寫美國歷史上最華麗篇章的人。

一切都只是因為華盛頓伸出來的寬容之手，在他厚厚的手掌之中，寫滿大大的「愛」。當愛越來越多的時候，仇恨便再無生存之地，這是華盛頓寬容的胸襟所滋生出的茁壯枝芽，也是帶領全美人民走向輝煌的黎明曙光。

默許傷害

你若任人欺凌，就表示你毫不在意

PART 4 活著就是幸運

在自然萬物之中，只有人類才被賦予擁抱希望生活的特權。正因為如此，我們更應該用自己頑強的力量，面向未來的希望之光，創造自己的美麗人生。

懷抱希望，勇敢度過生命中的不如意，生生不息地與苦難奮鬥，任何磨練對他們而言，都是另一種獲得勝利的方程式。

一個不計較代價，只為希望而生活的人，肯定會生出無比的勇氣，堅強地挺住生命拋給他們的考驗，苦難再多，他的生命越發光亮。

★從第一份義大利麵開始

心理學上有個「漣漪效應」：你在生活中所做出的改變，無論它看上去是多麼的微不足道，對你在有生之年的影響，都會像將一塊石頭丟進池塘一樣，產生一圈又一圈的漣漪，一直波及到池塘的邊緣。

愛德退休了。

他輕輕地用鑰匙打開了家門，沒有開燈。把自己的物品隨意放在門後面的角落之後，他坐在黑暗之中的搖椅上，看起來就像在靜靜地等待著某人來臨。

街道的燈光透過窗簾的縫隙闖了進來，這讓愛德有些惱怒。他起身，把窗簾拉密合之後，又重新回到搖椅上。他閉上眼睛，妻子的笑容再一次浮現。每天晚上，愛德下班回家之時，遠遠就可以看見亮著燈光的屋子。他知道，在那間並不大的房子裡面，一個和自己相偎相伴幾十年的女人正在等待著自己。儘管年事已高，但是愛德依舊堅持著工作，並且他總是能夠給身邊的人們帶來快樂。愛德覺得，他有一個愛自己的妻子，有一份看起來還不是很糟糕的職業，並且他微薄的工資還足以補貼家用，那麼他還有什麼樣的理由去感到不快樂呢？

妻子的去世成了他最難以釋懷的事情。每一次，在打開家門的時候，他都會習慣性地去聞做好的飯菜的香味。然而，除了冰冷的空氣之外，在這所房子之中，再也找不到任何溫暖的氣息。愛德開始變得衰老，儘管已經六十五歲了，可是之前的愛德總是青春煥發。他終於老了，

PART4 活著就是幸運

從第一份義大利麵開始

似乎這是在一夜之間發生的事情。當工友們在第二天看到他全部變白的頭髮和滿臉的皺紋之時，全都驚訝不已。不只是在外表上，愛德的內心也變得蒼老。他再也沒有講過笑話，工作也開始變得力不從心。雖然老闆不忍心打擊他，可是還是選擇了讓愛德回家養老。這，也許對雙方來說都是有益的選擇。

搖椅在黑暗之中停止了擺動，恰似年邁的愛德的生命一樣，在一步步走向靜止的瞬間。他睡著了。在這所曾經滿是愛與溫暖的屋子裡面，這樣一位年邁的老人，睡在淒涼的夢中，遲遲不願意醒來。

羅絲按了很久的門鈴，才把搖椅上的愛德驚醒。他搖搖晃晃、嘟嘟囔囔地開了門。羅絲起初還擔心爸爸會不會出意外，當她看到愛德憔悴的面龐之時，自己的心也一下子碎了滿地。是自己太過於疏忽爸爸的情感了，她遠沒有想到母親的去世對爸爸會有這麼大的打擊。若不是工會通知她爸爸退休的事情，遠在他鄉的羅絲或許根本不會想到獨守著整個屋子記憶的老人會有多麼孤獨。

羅絲知道，她必須想辦法讓爸爸儘管走出陰影。否則，她也許很快就會失去在這個世界上唯一的親人了。

她從身後拿出一個很大的禮品包，放到爸爸面前。愛德有氣無力地問到：「難道今天是我的生日，我怎麼不記得了？」

羅絲搖了搖頭，從裡面拿出一本烹調入門的書，轉過身來對愛德說：「爸爸，我記得你最喜歡媽媽做的美食了。可是，既然媽媽已經不在了，我覺得你也許會想要自己動手做一點。」

愛德沒有回應。羅絲匆忙地離去恰似她匆忙地到來一樣，愛德覺得自己又一次被掉進無止境的深淵。他站起身，隨手翻開了羅絲帶來的烹調書，書的第一頁就是他最喜歡的通心粉的做法。已經有點肚子餓的愛德決定開始嘗試。

他去超市買回了所需的材料，按照書上的步驟做了起來。每一個程式，對他來說都充滿了新鮮感。終於，一盤看似不錯的義大利麵出鍋的時候，愛德體驗到了從沒有過的成就感。他小心地品嘗了第一口，隨後臉上就掛滿了淚水。這熟悉的味道讓他想起了妻子做的飯菜，可是飯菜的香味依舊，而兩人現在卻陰陽兩隔。

從此，他迷上了烹調，或者說他依舊陷在對妻子的懷念中無法自拔。不管怎樣，愛德終於找到了退休之後讓他不再空虛的事情。他的手藝越來越好，漸漸地，愛德不再滿足於自給自足，想要在親友面前露一手的念頭開始萌生。

那是一個盛大的派對，活動上所有的菜肴都是愛德一個人料理的。當得到眾人的讚譽時，愛德終於露出了陽光般的微笑。

羅絲端著一杯紅酒，坐在樹蔭之下，她嚐了一口父親親手做的佳餚之後，望著他在大家的簇擁之中掛滿了微笑的臉，向自己的父親舉起了酒杯。「祝福你，我的爸爸！」

★邁克還有四根手指

邁克從來沒想過自己有什麼地方與眾不同，直到在他六歲的時候，發生了一件看似平常實際上卻不可逃避的事情。

他正在草地上和鄰家小孩陶德玩球。當陶德把球丟過來的時候，邁克根本不可能知道會發生什麼事情。陶德朝著邁克大叫：「小心，邁克，球將要砸到你了。」即便得到了警告，邁克還是被飛來的足球砸到。他一屁股坐在了地上，媽媽急忙從屋子裡面跑了出來。可是邁克並沒有哭，他呆呆地坐在地上，抬起頭望向媽媽的聲音傳來的方向，用令所有人聽到都會心碎的聲音說：「媽媽，為什麼陶德知道有什麼事情會在我的身上發生？我是不是和別人不一樣？」

媽媽明白，她現在必須去面對六年來她從來不敢告訴邁克的真相。

邁克一生下來，他的兩隻眼睛就看不到任何東西。醫生說他患的是先天性白內障，不甘心的父親苦苦哀求醫生一定要救救自己的兒子，他們無法想像這麼一個可愛的孩子卻無法看到色彩斑斕的世界。然而，醫生的回答徹底粉碎了父母的希望。「直到現在，我還沒有見過成功治療的案例。所以，我們也束手無策。」醫生的每一句話都像是刺刀一樣，深深劃在父母的心上。

他們竭盡全力想要保守住這一個秘密，儘量不在邁克面前提及到任何有關於色彩的詞語。他們害怕自己的孩子一旦問起來什麼叫紅色，他們甚至都想不出應該如何去回答。但是，隨著邁克年齡的增長，問題也變得複雜起來。他們告訴邁克身邊所有的小朋友，希望他們能和自己

默許傷害
你若任人欺凌，就表示你毫不在意

一起來保守住這個秘密。孩子們同意了，這讓父母從內心感到高興。

媽媽知道，總有一天，這個秘密會被打破。雖然她知道這是一個不可避免的事情，但是她現在還沒有做好準備來迎接那一天的到來。突如其來的事情，讓年輕的母親有些驚慌失措。

她輕輕地撫摸著兒子的臉龐，隨後在他的額頭上親了一下。「孩子，你真的想知道為什麼陶德會知道將要發生的事情嗎？」

邁克點了點頭，他極力想要解開心中的謎團。

母親拉起邁克的一隻手，一根根地掰起他的手指頭，說：「一、二、三、四、五，孩子，你的五個手指頭就代表著我們的五種感官，有嗅覺、聽覺、觸覺、味覺和視覺。但是，上帝在派你來到我們身邊的時候忘記了一件事情，他少給了你一種感官，那就是視覺。」

邁克不明白，他根本就不知道視覺是什麼東西。「媽媽，那什麼才是視覺呢？為什麼我沒有視覺？」

媽媽拿起身邊的球，放到邁克的手裡面。「孩子，抓緊這顆球，但是我要你用四根手指來抓住這個球。」

邁克吃力地把其中一根手指彎了回去，但是球依舊牢牢地抓在他的手裡面。

媽媽鎮定地說：「孩子，我們的生活就像是這只球一樣，正常人用五根手指才可以抓住它。可是現在，你只用四根手指，卻一樣可以牢牢地抓住這顆球。所以，邁克，我希望你不要因為沒有視覺而難過，因為我們還有四根手指，我們可以用剩下的四種感官去體驗未來的生活。相信媽媽，你一定會和正常人一樣，擁有一個美好的未來。」

邁克用四根手指牢牢地抓著球，生怕失去手中僅剩下的物品。他還不明白什麼是生活，他依舊不明白什麼是視覺，在他漫長的一生中也許永遠不可能睜開眼睛看到世界的色彩。可是此時的他，卻用四根手指抓住了正常人用五根手指才能抓住的球，而他抓住的更是屬於自己的完美生活。

「媽媽，我還有四根手指可以用，上帝真是太好了！」在邁克的臉上，灑滿著滿是幸福的陽光。

★最美的時刻

南茜是大家公認的美女。她十六歲的時候，當地的一家報紙正在組織一場選美比賽，在父母和鄰居的鼓勵下，南茜報名參加了。比賽的過程很輕鬆，南茜幾乎沒有感到有太大的壓力就取得了冠軍。隨後，她被以「夢幻女郎」的名義推薦到全國選美比賽之中。天生麗質的南茜沒有辜負大家的厚望，最終獲得了比賽亞軍的頭號。

作為獎勵，她得到了去南斯拉夫旅遊的機會。然而，在她剛剛入境之後當地就爆發了內戰。政局一片動盪的南斯拉夫，成了南茜的一場噩夢。在一次躲避巷戰的過程中，她被一輛汽車撞倒。等南茜在醫院中醒來的時候，她已經被英國駐南斯拉夫大使館的人送回了家鄉，可是，醫生卻告訴她一個讓她難以接受的消息。

車禍奪去了她的雙腿。南茜一時間無法接受，她請求醫生無論如何都要讓她能夠重新站起來。面對花季少女的心願，醫生只能擺出無可奈何的姿態來回答她所有的疑問和期待。最後，他們做出了一個大膽的決定，用義肢來幫助南茜重新站起來。南茜拒不接受這一建議，他們給南茜講了一個美國姑娘的故事。

珍妮出生的時候就沒有腓骨，為了不影響她以後的生活，珍妮的父母在她一歲的時候做出一個大膽的決定，他們請求醫生截斷珍妮膝蓋以下的部位，並且用義肢來代替原來的身體。珍妮在父母的懷抱中和輪椅上生活了三年，等她能夠借助著義肢的力量站起來的時候，所有的人都為她驚人的毅力而感動。可愛的珍妮和南茜一樣的年紀，但是現在她卻可以跑跳、可以游泳、可以滑冰、可以跳舞，她甚至還經常在殘疾人會議上做演講。並且，珍妮一直夢想著有一天成為一名模特，而南茜就是她的偶像。

故事講完了，南茜沉默了許久。她知道，自己現在正面臨一個艱難的抉擇。是保留著殘肢還是截去殘肢以換上義肢，這成了擺在她面前最大的難題。最後，在珍妮故事的感染下，她做出了決定。不過，她唯一的要求便是，在手術之前能夠見到故事中的主人公。

在媒體的安排下，兩個互相傾慕的姑娘見面了。沒有過多的寒暄，她們一見面就像是親姐妹一樣形影不離。在珍妮的焦急等待下，醫生推著昏迷的南茜走出了手術室。

南茜像是一個剛剛學走路的孩子一樣，借助於珍妮的攙扶第一次走出病房。大自然的美景讓她重新恢復了對美麗的嚮往，她緊握著珍妮的手，眼神中透出和年齡不相符的堅定。

雖然肢體不全，但是她們並沒有覺得自己和普通的女孩有什麼不同。現在，南茜已經和珍妮一樣，能夠熟練地控制身上的義肢了。只要不掀起裙子，沒有人會知道那雙美麗的腿竟然是一雙義肢。只是在經過飛機安檢門的時候，刺耳的尖叫才會暴露所有的秘密。南茜總是微微一笑，並不會太去關注他人的眼光。因為她知道，她自己是有多麼珍惜現在的生活，而更多有意義的事情還在等著她去完成。

南茜已經完全走出了斷腿的陰影。她全身心地投入到了慈善事業之中，康復後的她積極奔走在車臣、柬埔寨等戰亂地區，她用參加選美大賽時獲得的獎金成立了南茜基金會，專門用來

默許傷害
你若任人欺凌，就表示你毫不在意

幫助在戰爭中受到傷害的孩子們。她像美麗的戴安娜王妃一樣，呼籲全世界的人們維護和平，並且為每一個殘疾人爭取合法的權益。

有一天，當記者問她為什麼在截肢之後還能保持如此高昂的熱情時，南茜回答道：「我已經失去了一雙腿，所以不想再失去行動的信念。雖然我需要義肢才能行動，但是我和其他的女孩子們一樣，甚至我還要做出比她們更多的努力，才能重新站在最高的地方。我喜歡打扮，我也愛美，我知道當有一天人們不再去關注我的義肢時，那才是我最美的時刻。」

說完，南茜朝身後看了一眼，她的好姐妹珍妮正站在不遠處，用知心的微笑給予她最大的信心和勇氣。

★ 我要去看外面的世界

在他年僅八歲的時候，一場意外的爆炸，奪去了他行走的能力。爆炸使他的雙腿嚴重受傷，而且在那雙瘦弱的腿上再也看不到一塊完整的肌膚。這次意外，對於一個還沒有認識世界的孩子來說，無異於徹底阻斷了他走進未來的方向。醫生明白，當自己說出他將再也無法行走的時候，小男孩必定會徹底崩潰。畢竟，讓年僅八歲的他把一生綁在一個輪椅之上，這樣的現實未免太過於殘酷。

那一段時間，他像是經歷了人生的煉獄。整整兩個月，他躺在床上一動不動，僵硬的表情似乎已經宣告了生命的終結。如果不是時不時轉動的眼睛，恐怕再沒有人相信他還活著。60天的時間，讓他明白哭鬧並不能解決實際問題。窗外傳來夥伴們的歡笑聲，他知道他們一定是相約去湖邊游泳了。可是，自己卻只能躺在床上，等著死亡的來臨。他以為自己快要死了，他以為在失去了行走能力之後自己將會面臨著死神的拜訪。

可憐的孩子眼巴巴地望著窗外，幾隻小燕子正在跟著父母學習飛翔。它們在空中滑翔的姿勢激起了他的嚮往。要是我也有一雙翅膀多好啊，那樣的話就算是不用雙腿也能夠去看外面的世界了。他在心裡面默默地說。

外面的世界，是的，我要看到外面的世界。想到這裡，他倔強地從床上爬起來，使盡渾身的氣力把兩條孱弱的腿從床上移到地上。旁邊放著爸爸做好的一副拐杖，本來他覺得自己這輩子都用不上了，可是現在他才明白父母的良苦用心。

他拄起雙拐，用胳膊撐起全身的重量。他嘗試著向前挪動，然而偏移的重心讓他狠狠地摔倒在地。額頭出血了，他沒有哭。再一次，他堅強地站了起來。他似乎永遠都不會向困難屈服。已經記不清楚摔倒了多少次，他都會選擇重新站起。汗水浸濕了衣衫，每一滴從額頭上落下的汗珠中都會倒影出他寫滿堅毅的臉孔。

母親進門的時候，被他的慘狀嚇了一跳。但是，她明白她的孩子要做什麼。母親哭著替他包紮傷口，他沒有被疼痛嚇倒。也許，他已經忘記了怎麼樣流淚，在他幼小的心靈之中，早已經播下了男兒的堅強，並且它將會生根、發芽，開出最燦爛的花。

終於有一天，當他借助著拐杖的力量來到房子門口的時候，陽光從烏雲之後跳了出來，鮮花似乎也在一剎那全部盛開。「我站起來了，我能走路了。」他用盡畢生的氣力，向著遼闊的天空喊出了最真切的呼喚。

為了能夠重新與小夥伴們去湖邊游泳，他並沒有滿足已經站起來的目標。就在他走出屋門的瞬間，一個個更偉大且不可思議的目標在他的腦海誕生。就像是當初堅信自己可以重新站起來一樣，現在的他，堅信自己可以重新投入到大自然的懷抱之中，他相信自己可以重新跑步，他相信自己可以把農場上的牛羊作為追逐對象，他相信自己的雙腿可以奇蹟般地重新強壯起來。

很多年之後，人們記住了一個名字——格連．康寧罕。他是美國體育運動史上最偉大的長跑選手。正是因為年幼的他沒有放棄任何一個夢想，才能夠取得如此不可思議的成就。
他，就是現實生活中的「阿甘」，用希望和汗水書寫著令人驚嘆的傳奇。

★ 主動擁抱美好

2001年8月28日，葛蘭太太迎來了生命中最悲慘的一天。他的兒子，一名勇敢的消防隊員，在一次執行任務過程中英勇殉職。葛蘭太太聽到這個消息的時候悲痛欲絕，在過去的10個月裡面，他先後喪失了丈夫和兒子。身邊兩個最親的男人紛紛離自己而去，生活的天空似乎一下子變得陰暗起來。

她沒有想到，當時的紐約市長朱利安會來醫院看望她。朱利安在就職演說中曾經提到，這個城市的每一個公職人員都是人們的公僕，因此只要有人受傷，他就會在第一時間趕到現場去看望。朱利安認為，這是他作為市長所能夠呈現給他的市民最真實的關懷。所以，在葛蘭太太的兒子去世時，朱利安市長一如既往地出現在現場。當他得知死去的勇士還有一個年邁的母親和一個即將出嫁的妹妹時，他毅然絕對暫時推遲接下來會議，隨後就來到醫院看望英雄母親。

然而，朱利安並沒有看到哭天搶地的葛蘭。相反，此時葛蘭已經從悲痛之中走了出來。她安靜在坐在病床上，若有所思地搖晃著手中的水杯。在這間病房裡面，葛蘭太太反倒是最冷靜的一個人。親友們正在安排葬禮的事情，然而葛蘭太太唯一的女兒原定下個月舉辦婚禮。兩件意義完全不同的事情撞到一起，親友們詢問葛蘭太太要不要把婚禮延期。

葛蘭太太用紙巾擦拭了一下眼角的淚水，她緊緊握住女兒的手，抹去孩子掛在臉上的淚珠。她轉身對眾人說：「我的兒子已經去世了，所以接下來最重要的一件事情是安排他的葬禮。

可是，我女兒的婚禮也絕對不能延期，因為這是她一生中最重要的時刻，我不想看到她因為哥哥的死亡而延誤了幸福。」

朱利安被葛蘭太太的話所震驚，他從眾人背後走出來，坐在葛蘭太太旁邊，說：「太太，我覺得婚禮應該延期。你不能在最悲傷的時候舉辦婚禮啊！」朱利安提出的建議得到了大多數人的認同。

葛蘭太太認出了朱利安，她尊敬地向他笑了一下說：「親愛的市長先生，你也許不明白，我身邊的親人都已經離去，而唯獨女兒還守在這裡。現在我要面對兩件事情，一個是葬禮，一個是婚禮。我的兒子是個英雄，所以我應該要處理好它的葬禮。可是，我仍然堅持把焦點放在婚禮之上。人這一輩子，總有許多的苦樂。我們一起面對了悲劇，那麼接下來就應該一起去迎接歡樂的到來。我想，我死去的丈夫和兒子都會希望我這麼做的。因為，我們要主動擁抱生命中的美好。」

在葬禮上，葛蘭太太泣不成聲。然而，當葬禮結束的時候，她馬上又變成了一個堅不可摧的女人。她牽著女兒的手來到朱利安身邊，滿懷期待地說：「市長先生，我家裡面現在已經沒有男性了。所以，我想在女兒的葬禮上，由你牽著她的手把她送到新郎的身邊。」

朱利安急忙說：「太太，那是我的榮幸！」

儘管政務纏身，朱利安也沒有忘記他在葬禮上答應葛蘭太太的請求。每一天晚上睡覺之前，他都會在翻過去一張日曆的同時，心中默默地念叨一遍葛蘭太太的話，「我們要主動擁抱生命中的美好」，這已經成為朱利安工作的信條。

然而，就在十多天之後，一件令整個美國都陷入恐怖陰雲的事情發生了。9月11日，當世貿大廈在頃刻之間化為烏有的時候，所有的人都在為遇難者祈禱和祝願。朱利安的身影又及時出現在了事故現場，他以超越常人的鎮定和卓越的領導力帶領著整個紐約城從廢墟之中重新站立起來。

連續幾個晚上，朱利安都沒有睡過安穩覺。9月15日，朱利安的秘書提醒他第二天就是葛籣太太女兒的婚禮，當秘書問他還要不要去參加的時候，朱利安則用堅定的回答否定了所有的質疑。他如約出席了婚禮，並且當他把新娘交到新郎手中的時候，彷彿間覺得那就是自己漂亮的女兒正站在幸福的邊緣，向著自己微笑。

當葛籣太太要謝謝朱利安能夠在這樣的危難時刻出席女兒的婚禮時，他說：「任何一天，我們都可能經歷生命的痛苦與歡樂，但重點是，我們會一起承擔痛苦，並且一起去主動擁抱生命中的美好。」

此後，在記者招待會上，朱利安無數次地重複著這句話。「主動擁抱生命中的美好」，他這樣告訴所有在911中受難的人們，因為我們存活了下來，我們依舊可以用自己的雙手去創造希望。

這，是一個普通的美國老人和紐約市長之間共同的諾言。

★方琳母親的熱湯

不可否認，在我相識的女性中，方琳是個非常要強的女人。她原本也有一個幸福的家庭，也應該能夠像其他人一樣享受生活的美好時光；可是最近，似乎命運正在拋棄他。她先是失去了丈夫，接著又查出了乳腺癌。長時間的化療已經使她滿頭美麗的黑髮不見了蹤影，她身體僵硬地躺在病床上，春日下午的陽光暖暖地爬過玻璃窗，落在她消瘦的臉頰上，像是溫柔慈祥的母親心疼地撫摸著自己的女兒一樣。

殘酷的病魔以及昂貴的手術費用正在聯合起來企圖把這個往日堅強的女人壓垮，它們的陰謀也真的就要得逞了。我從醫生的口中得知，方琳的病情不容樂觀。而且，方琳似乎陷進了深深的絕望中，整個身體的狀態都顯得十分疲乏。這麼大的手術已經消耗掉她許多精力，無止盡的化療更無疑於雪上加霜。她的頭髮消失了，她的胃口變差了，甚至連微笑一下都變得如此奢侈。我坐在她的身旁，明顯可以感覺到她費盡半生精力編織起來的希望與美好正在一點點破碎遠離，這讓我也不由自主地憂傷起來。

方琳兩眼無神地望著窗外。偶爾有一兩隻回巢的麻雀，嘴裡面銜著餵養幼雛的蟲子，從窗前輕輕地掠過。這正中要害，使她不由得觸景生情，因為，現在最讓方琳放心不下的，就是他們剛剛十多歲的孩子。

「阿蓮最近還好嗎？」許久未見女兒的她張口第一句話就是要急切知道自己孩子的一切近

況。

「你放心吧。她很好。只是孩子最近要考試了，功課有點緊張，但是你不用擔心的。」我回答說。在她住院的這段時間，阿蓮一直和外婆生活在一起。在方琳的囑託下，我也會時常抽出一些時間去看看，這個孩子十分懂事，每次從我手中接過送給她的禮物時，總是不忘說一聲謝謝，那樣的文靜乖巧讓人疼惜。

「我不在身邊，孩子一定受苦了。我媽也上了年紀，她們兩個在一塊也算是有個照應吧。」方琳有氣無力地說。「希望我能趕快好起來，然後我就可以每週帶著阿蓮去看外婆了。我媽最喜歡吃我做的紅燒排骨了，可是現在……誰知道我還有沒有明天呢？」方琳聲音哽咽已經無法再繼續說下去了。

從方琳到她母親家，需要轉3次公車，還要經過一段十分吵雜的菜市場。她的母親長期一個人居住，生活多少有些不方便。方琳在每個週末都會做好一些紅燒排骨，然後帶著阿蓮早早地起床去看母親。多少年來，不論風吹日曬，她們都沒有間斷過。方琳一直堅持著做這件事情，但是年幼的女兒卻不明白媽媽的用心。多少次，阿蓮都想要故意偷懶不去看外婆。可是方琳知道，這一周只有一次的相見，媽媽卻用整整六天的時間來等待自己和孩子。她又怎麼能夠讓媽媽的期待落空傷心失望呢？

阿蓮年齡還小，所以總會在顛簸的汽車上睡著。看著女兒疲倦地躺在自己懷裡面，方琳也總是會覺得辛苦了孩子。可是，也只有這樣，才能讓阿蓮明白老人為兒女們操勞了一生，子女

PART4 活著就是幸運

方琳母親的熱湯

們也應該在他們年老的時候多獻上一份孝心。

可是現在，方琳無力地躺在病床上，縱使有一千份孝心，也沒有辦法用實際行動去表示。她曾經和我說，與其成為一家人的累贅，倒不如來一個比較乾脆的了斷。我知道她說的是氣話，可是話中透出的淒涼和感傷卻讓我難以釋懷。

對於一個身患重症，每天虛弱得需要躺在病床上的人來說，時間的概念，絕對不能說是時光飛逝，時間對於他們而言簡直就是漫長的磨難，他們既要承受身體的苦楚，還要忍耐思想中無盡的煎熬。不分晨昏，沒有晝夜，唯獨只有昏睡與清醒的區別。

這一天稍微晚一點的時候，迷迷糊糊的方琳恍惚聽到有人在喊自己的名字。她無意識地睜開雙眼，卻發現年邁的母親拉著女兒的手站在床邊。她的母親已經年屆80，女兒又是年少無知，天知道她們是怎麼穿過熙熙攘攘的人流來到醫院的病房。母親一手拄著拐杖，一手牽著阿蓮，阿蓮的另一隻手把一個大大的飯盒抱在胸前。

「你們怎麼……」方琳有一點被這意外的驚喜弄得驚慌失措。

「孩子，我們來看看你。」母親沒有多說話，她坐在床邊，把親手做的飯菜從飯盒裡面拿出來，慢慢地調勻，然後又一點點地吹去碗中的熱氣，最後才用勺子舀起一些湯汁送到方琳的嘴邊。方琳早就已經淚流滿面了。她哭著躺在母親的懷裡面，想要說些什麼，卻只能是不停地哽咽。

母親抱著方琳，輕輕地撫摸著她的臉龐，說：「孩子，你就是媽媽的心頭肉啊，媽媽怎麼捨得看你受苦呢！」方琳的母親偷偷地擦了一下眼淚，繼續說：「阿蓮想你，她說你已經好久沒有帶她一起去買牛排了。所以，她才要和我一起來這裡看看你。」

就這樣，當我今天再一次來看望方琳的時候，我感到她整個換了一個人似的。她雖然依舊是躺在床上，但你能強烈的感到她身體裡有一股昂揚的精神，像有新生命誕生一樣煥然一新。方琳對我說：「我有一個這麼愛我的母親和女兒，我還有什麼理由不去好好活著，好好愛她們呢？」

PART 5 擁有一顆感恩的心

人的一生雖然總會有各種各樣的缺陷，但快樂的人卻不會將這些裝在心裡，他們沒有憂慮。所以，快樂是什麼？快樂就是珍惜已擁有的一切，並適時向他人分享更多美好。

如果你想生活得快樂，那麼就用感恩的心態，學會知足和分享吧！只有知足和分享，才是尋求快樂的唯一法則。

記住感恩，其實你已經很富有。

★感恩節的特別花束

11月的傍晚寒風凜冽，艾米麗不得已伸手拉緊圍巾和領口，舉步維艱地向家中走去。「尊貴的小姐，感恩節快樂！歡迎光臨！請你買些花兒吧！」花店的服務員在門前招呼行人招攬著生意。艾米麗猶豫著停下匆忙的腳步，又接著不自覺的被引進到店裡。一直以來，她都過著一種一帆風順的愜意生活，但是今年，她的生活真是糟透了！就在她懷著孩子已經4個月的時候，一場的交通意外無情地奪走了她肚子裡的生命，也奪走了她全部的幸福。這個感恩節本來是她的預產期，而偏偏就在上個月，她的丈夫又失去了工作。這一連串的打擊，令她幾乎要崩潰了。

「感恩節，感恩什麼呢？為了那個不小心撞了我的混蛋司機？還是為那個救了我一命卻沒有幫我保住孩子的氣囊？」艾米麗困惑不滿地想著，不知不覺就來到一團鮮花面前。「我想訂……」艾米麗猶豫著說。店主看著她複雜的表情繼續熱情介紹著：「花都是有故事的，在這感恩節裡，你一定需要那種能傳遞感激之意的花吧？」

「不」，艾米麗脫口而出，「在過去的近半年時間裡，我沒有一件順心的事。」話一說完，她不禁為自己的心直口快感到後悔。「我知道什麼對你最適合了。」店主接過話來說。艾米麗大感驚訝。這時，花店的門鈴響了起來。「嗨，芭芭拉，我這就去把你訂的東西給你拿來。」店主一邊對進來的女士打招呼，一邊讓艾米麗在此稍候，然後就走進了後面一個小工作間裡。

PART5 擁有一顆感恩的心

感恩節的特別花束

沒過多久，當她再一次出來時候，懷裡抱了一大堆的綠葉，蝴蝶結和一把又長又多刺的玫瑰花枝。是的，只是一些玫瑰花枝而已，那些花枝統統被修剪得整整齊齊，只是上面連一朵花也沒有。

「嗯」，艾米麗忍不住開口了，聲音變得有點結結巴巴的，「那女士帶著她的……嗯……她走了，卻沒有拿花？」「是的」店主說到，「我把花都剪掉了。那就是我們的特別奉獻，我把它叫做感恩節荊刺花束。」「哦，算了吧，你不是要告訴我居然有人願意花錢買這玩意吧？」艾米麗不理解地大聲說道。

「3年前，當芭芭拉走進我們花店的時候，感覺就跟你現在一樣，認為生活中沒有什麼值得感恩的。」店主解釋道：「當時，她父親剛剛死於癌症，家族事業也正搖搖欲墜，兒子在吸毒，她自己也正面臨著一個大手術。我的丈夫也正好是在那年去世的。」店主繼續說道：「我一生當中頭一回一個人過感恩節。我沒有孩子，沒有丈夫，沒有家人，也沒有錢去旅遊。」

「那你怎麼辦呢？」艾米麗問道。「我學會了為生命中的荊棘感恩。」店主沉靜地回答，「我過去一直為生活當中美好的事物感恩，卻從沒有問過為什麼自己會得到那麼多好的東西。但是，當厄運降臨的時候，我問了。我花了很長時間才明白，原來黑暗的日子也是非常重要的。我一直都在享受著生活的『花朵』，但是荊棘使我明白了上帝的安慰是多麼的美好。你知道嗎？聖經上說，當我們受苦的時候，上帝安慰了我們。借著上帝的安慰，我們也學會了安慰別人。」

艾米麗屏住呼吸思索著眼前這位店主的話，猶豫地說：「我想說句心裡話，我不想要什麼安慰，因為我失去了我的孩子，我的丈夫失去了工作，我感到對上帝生氣。」正在這時，又有人走了進來，是一個頭頂光禿的矮個子胖男人。

「我太太讓我來取我們的『感恩節特別奉獻』……12根帶刺的長枝！」店主把用紙巾包紮好的花枝遞給那個男人。艾米麗難以置信的問道：「如果你不介意的話，我想知道你太太為什麼想要這個東西？」「我不介意……我很高興你這樣問。」男人回答說：「4年前，我和我太太差一點就要離婚了。在結婚40多年後，我們的婚姻陷入了僵局。但是，靠著上帝的恩典和指引，我們總算把問題解決了。我們又和好如初。這兒的店主告訴我們，為了讓自己牢記在『荊棘時刻』裡學到的功課，她總是擺著一瓶子的玫瑰的花梗。這也正合我意，因此就帶了一些回家。我和我太太決定把我們的問題都寫在標籤上，然後把它們一一貼在這些花梗上。一根花梗代表一個問題，然後我們就為從這些問題上所學到的功課而感恩。」

「現在，假如你也遇到與我同樣的問題，我誠摯向你推薦這一款特別奉獻！」男人一邊付錢，一邊對艾米麗說。「我實在不知道我竟然能夠為我生命中的荊棘感恩。」艾米麗對店主說道，「這真有點不可思議。」，「嗯」，店主小心翼翼地說：「我的經驗告訴我，荊棘能夠把玫瑰襯托得更加寶貴。人在遇到麻煩的時候會更加珍惜上帝的慈愛和幫助，我和他們夫婦都是這麼過來的。因此，不要討厭荊棘。」

眼淚從艾米麗的面頰上滑落，她拋開她的怨恨，哽咽道：「我也要買下12枝帶刺的花枝，該付多錢？」「不要錢，你只要答應我把你內心的傷口治好就行了。這裡所有顧客第一年的特別奉獻都是由我送的。」店主微笑著遞給艾米麗一張明片，說道：「我會把這張明片附在你的禮品上，不過或許你可以先看看。」

艾米麗打開卡片，上面寫著：我的上帝啊！我曾無數次地為我生命中的玫瑰而感謝過你，但我卻從來沒有為我生命中的荊棘而感謝，現在，透過我的眼淚，幫助我看到那更加明亮的彩虹。眼淚再一次從艾米麗的臉頰上滑落。

★盛開的鶴望蘭

等我再一次醒來時，老公正趴在我的病床邊睡覺。護士說他在我的身邊整整守護了兩天兩夜，而我卻把能夠給他最好的禮物丟失了。護士說我們的孩子就這樣走了，當她們說完時，我都不知道自己究竟有沒有眼淚流出。世界在那一刻似乎停滯不動了，只剩下趴在我身邊的老公憨厚的呼吸聲，一下一下那麼漫長，像是一把尖矛一樣刺在我的心上。

在家整整休息了一個月。其實完全沒有必要到這麼長的時間，可是我卻固執地不要上班、不要工作。因為我把和老公之間愛情的結晶沒有了，那麼以後我應該用什麼來證明我們之間的愛情呢？這一個月，老公一刻都不離開我，他靜靜地為我做每一個需要幫助的事情，沒有一點怨言。此時我寧願他和我大吵大鬧一次，可是他卻說失去的已經不能再回來，然後緊緊地抱著我說：「親愛的，我只是不想再失去你！」我聽他說完，眼淚再也止不住地流了下來。我撲在他的懷裡面放肆地痛哭，而我也能明顯地感覺到他身體的顫抖。

為了不讓老公擔心，我決定去單位繼續上班。起碼我不用再看著他為我忙碌的身影，這樣我也許可以少一點愧疚。然而令我不可思議的事情是，在我剛踏進辦公室的那一刻我的座位上分明有一個陌生的身影在忙碌著。後來羅麗告訴我那個人是來接替我的位置的，我則被公司安排到一個閒職上。本來以為忙碌會使我暫時忘掉所有的不幸，可現如今一切都沒有按照我預想的情況發展。

PART5 擁有一顆感恩的心

盛開的鶴望蘭

羅麗默默地幫我收拾著東西，一掃往日歡喜雀躍的樣貌。這時，我忽然發現桌子上那株原來長滿花朵的鶴望蘭竟然只剩下了一個禿枝。我無奈地搖了搖頭，說：「哎，羅麗，即便它能逢凶化吉，可是總也逃不過命運的捉弄。」一絲悲愴被自己的話帶起，我忙用紙巾假裝擦臉上的灰塵來遮掩眼中流出的淚水。

正當我要把這株將要死去的鶴望蘭丟到垃圾桶時，羅麗又恰好出現在我的面前。她從我手裡面搶過鶴望蘭，大叫道：「姐，你怎麼知道它死了呢？你看他的枝幹還是綠的，說不定它真的可以逢凶化吉呢！」

我淡淡地笑了一下，說：「羅麗，你還是太幼稚了。這個世界本來就有很多的不幸，它是逃不出命運的手掌心的。」

羅麗死命地搖著頭，不讓我丟掉鶴望蘭。我只好答應她把鶴望蘭留下來，不過我再也沒有心思去給它澆水和施肥了。我在這樣一個閒暇的職位上不知道要做什麼好，有一天，我收到了一個叫做鶴望蘭的網友留言。他寫道：人生中總會有很多曲曲折折，這也許是上天為了增加我們人生沿途的樂趣吧。沒有人會逢凶化吉遇難呈祥，很多時候我們必須自己去尋找生命中的陽光。只有這樣，那棵長在我們心底的鶴望蘭才會綻放。看完之後，我說不上是感動還是感慨，一種被認同的念頭油然而生。

第二天我再上班的時候，發現那株我很久沒有照管的鶴望蘭竟然長出了新芽。我興奮地抱著它跑到羅麗面前，告訴她原來真的有逢凶化吉這回事存在。我急忙給老公打電話，然後在

默許傷害
你若任人欺凌，就表示你毫不在意

MSN上用大大的愛占滿了他整個電腦螢幕。老公很高興看到我這些天來心情的轉變，他說晚上回家一定給我做一桌子好吃的來慰勞我。其實，最應該慰勞的應該是他才對。我在辦公室裡面第一次驚聲尖笑，和羅麗忘我地擁抱在一起。

我開始了一種全新的生活。直到這株鶴望蘭驕傲地綻放時，我才完全擺脫掉那一段噩夢般的生活。時間對我不再是一個難以打發的孩子了，我甚至可以在8個小時的工作時間裡，做出更多超出我能力的事情。我真正感覺到每一天都充滿了憧憬與希望，就連討人厭的週末加班，也成了我享受生活的一種方式。

為了愛我的老公，為了心底的那株鶴望蘭，我應該堅強地去面對生活。我這樣對自己說，也對好姐妹羅麗說，更對我不曾注意到的那些關心我的人們說。

等我再次上班的時候，那株曾經行將死去的鶴望蘭開得正豔，一片片美麗的花瓣上都寫滿了對生活的感情，在陽光下富有激情地盛開下去。

然而，在我替羅麗清理電腦的時候，意外地發現了一個叫做「鶴望蘭」的帳號保存在她的訊息記錄裡面。天啊，此刻我全明白了，那株「無人」照管的鶴望蘭居然是羅麗在背後用心飼養，而我所謂被認同的希望居然是羅麗這樣一個隱形天使在默默給予。瞬間，一串串的淚珠從我的眼中滑出。

我抬頭看到正在不遠處忙碌的羅麗，在陽光的照耀下，在我的迷離淚眼中，她真如一朵格外嬌豔的鶴望蘭。

★他也做了一次天使

公司每個月都會派我去附近的醫院做一次慰問，這是他們公司和醫院之間的友好協定，同時也算是做公益的一種方式。他很樂意參加這項活動，雖然要在大熱天穿上厚厚的唐老鴨的外套，但是每當我和他一起展示幾個小魔術就能給醫院中病人們帶來驚訝和笑聲時，那也是他感到最幸福的時刻。

這家醫院並不是普通的醫院，凡是住到這裡的人，大多數都有去無回。這是垂死病人的最後歸宿，所以，在面對整天穿著白袍走來走去的醫生和護士時，病人們的心中難免產生沮喪和絕望。可是，他的出現卻能夠在一定程度上改變這一切。唐老鴨的色彩和造型顯得和周圍的一切都格格不入，但是它卻像是荒野中的一抹青綠一樣，象徵著快樂和希望。

公司和醫院之間協定，他作為公司的代表必須遵守兩條規則：一是他在這裡要遵從醫生和護士的安排，絕對不能隨便行動；二是為了避免傳染疾病，他絕對不能夠和病人之間有肢體上的接觸，否則我將會被辭退。他知道，這兩條規定都是經過嚴格的考慮之後才制訂出來的，為了自己的健康和不失去飯碗，他更加沒有理由去違反規定。

然而，那天在他完成了既定的工作正準備要回去的時候，卻發生了一件令人意外的事情。

他從走廊裡面匆匆走出，突然，一個弱小的聲音傳入我的耳朵。「唐老鴨！唐老鴨！」他知道，那是在呼喚他。我他下腳步，打開身旁的一扇門。房間中的病床上躺著一個年僅五六歲的男孩，蒼白的臉上透露著見到我的時候的快樂。他的爸爸媽媽在旁邊守護著，望向他的目光充滿了希望和祈求。

看得出，這個孩子病得很嚴重。他正要推門進去，身邊的醫護人員善意地提醒他時間到了，他應該離開了。他請求他再給我二十分鐘，只要二十分鐘，他或許就能滿足孩子一個小小的願望，就能夠給他帶來快樂。醫護人員答應了他的請求。

男孩告訴他，他叫唐睿，來這裡已經有兩個月了。他說起話來有氣無力，但是話語中卻透露出純真和可愛。他拿出道具，專門為男孩表演了幾個有趣的小魔術，唐睿開心地笑了一下。儘管他笑得很艱難，可是他能夠感受到他的真誠。

二十分鐘馬上就要到了，他必須得收拾我的道具離開。

「唐老鴨，你能抱抱我嗎？」唐睿說。

「什麼？」他懷疑自己沒有聽清楚孩子的話。

這一次，唐睿一字一頓地說：「請你抱一抱我！」

公司規定的第二條原則在第一時間閃現在他的腦海。他不可以和病人有肢體的接觸，這是規定；他不能違反規定，否則將會失去唯一的工作。他正在用理性的邏輯為自己堆積著拒絕的藉口，他甚至把房貸、汽車、他自己的孩子……當他想到自己的孩子時，心中突然出現了長時間的停頓。是的，這只是一個孩子簡單的要求，他為什麼要執意拒絕呢？難道就為了不失去工作？就算他違反了公司的規定，失去了工作，他還可以再找一份。可是，這個孩子還能不能等

PART5 擁有一顆感恩的心

他也做了一次天使

他我下次再來的呢？他猶豫了起來。

「請你抱一抱我！」唐睿再一次用懇請的語氣說。

他張開了雙臂，把唐睿抱在了懷裡面。儘管身邊的醫護人員用驚訝的目光看著他，他還是把他抱了起來。那一刻，他感受到了一個生命的重量。莫名的感傷襲來，他急忙把他放了下來。他親吻了一下唐睿的額頭，告訴他下個月還會來看他。唐睿高興地點著頭，像是和他許下一個約定。

第二天，他去公司上班的時候，還在擔心是否會被辭退時，一個電話打來了。是唐睿的父親，他告訴他，就在今天淩晨的時候，他的孩子永遠地離開了人間。唐睿走得很安詳，他告訴爸爸，他今年一定會見到聖誕老人，因為他的願望已經實現了。

他放下電話，獨自一個人躲到廁所裡面，泣不成聲。

等他出來的時候，老闆帶領著所有的員工站在走廊，他還在驚訝之餘，老闆帶頭鼓起了掌。他拍了拍他的肩膀，說：「年輕人，你不會被辭退。因為你的擁抱，是愛的象徵。公司正需要像你這樣有愛心的人。」

他用力地點了點頭，再一次被淚水浸濕了眼眶。

他也做了一次天使，他感恩老天給了他一次做別人天使的機會。

★ 史蒂文斯的感謝信

史蒂文斯失業了。他從來沒有想過自己會失業，即便公司的領導已經在前一段時間給予他足夠的暗示，史蒂文斯也不會想到自己會是第一個收拾東西走出公司的人。他在這裡整整工作了八年，每一天，史蒂文斯都會在電腦上熟練地寫下各種程式。在他看來，能夠讓冷冰冰的電腦根據他所寫的程式歡快地運轉起來，是一件十分快樂的事情。

然而，他的快樂卻被一張辭退通知書終結。

史蒂文斯的妻子剛剛生下第三個兒子，因此家中所有的經濟來源都依仗著他並不豐厚的工資。史蒂文斯曾經執著地相信，只要他認認真真地在公司做下去，就一定能將攢夠的積蓄來改變家庭的境遇，他經常幻想著自己在退休之後依舊有著不錯的待遇，手挽著同樣白髮蒼蒼的妻子，一起在搖椅上談論年輕時的過往。這曾經是史蒂文斯最喜歡向妻子講述的未來，可是，現在，他必須要從頭開始。

作為三個孩子的父親和一個女人的丈夫，史蒂文斯覺得肩膀上的膽子越來越重。他每天的工作就是找工作。每當他拖著疲憊不堪的身體回到家的時候，妻子總會主動迎上來給他深情的一吻，這對他來說是最好的心靈慰藉。

一個月過去了，史蒂文斯沒有找到合適的工作。除了程式設計，他一無所長。可是，在軟體行業，競爭如此激烈，即便他有著八年的工作經驗，想要找到一份稱心如意的工作也並非易事。

終於，他在報紙上看到一家軟體公司在招聘程式師，而且待遇也還不錯，史蒂文斯毫不猶豫地拿著自己的資料到那間公司的人事部門。

然而，應聘的人數遠遠超過了史蒂文斯的想像。很明顯，在接下來的面試過程中將要展開非常激烈的競爭。憑著豐富的經驗，史蒂文斯很順利地通過了筆試。兩天之後的面試，成了他一生難忘的時刻。當主考官問及他對軟體行業未來走向的看法時，史蒂文斯詞窮了。在他八年的工作期間，從來沒有想過這樣的問題。似乎未來會怎麼樣，永遠只是老闆應該關心的問題。這一問，驚醒了躺在舊紙堆上睡覺的史蒂文斯。

不出意料，他最終還是落選了。不過，他並沒有怨恨這家公司，而是在一直深深思索主考官的問題。他覺得自己有必要重新審視一下自己對工作的看法了。第二天，史蒂文斯決定給該公司的領導寫一封感謝信。信中，他這樣寫道：

感謝貴公司花費了這麼多的人力和物力，以及為我提供的筆試和面試的機會。雖然我沒有應聘成功，但是這次應聘讓我認識到很多以前並沒有思考到的東西，你們讓我獲益匪淺。感謝你們的付出，謝謝！

這在那間公司看來，是一封十分奇怪的信。沒有人在落選之後還會寫來一封感謝信，史蒂文斯的信一直從主考官交到了公司總裁的手中。總裁看過之後，一言不發，把信鎖在了抽屜裡面。

默許傷害
你若任人欺凌，就表示你毫不在意

三個月過去了，史蒂文斯依舊沒有找到合適的職位。在新年即將到來的時候，他收到了一張賀卡，上面寫道：尊敬的史蒂文斯先生，如果您願意，請和我們一起共度新年。祝你新年快樂。

賀卡是三個月前史蒂文斯面試的那家公司寄來的。原來，有一個程式師剛剛辭職，正好有一個職位空缺出來。總裁說，一個充滿愛和感恩之心的人，必定會在這個崗位上有著長遠的發展。因此，人事部的主管把賀卡寄到了史蒂文斯的手裡面。

這家公司，就是聞名世界的微軟公司。十幾年之後，史蒂文斯憑著出色的業績，一路扶搖直上，成為了公司的副總裁。

★將另一隻鞋丟出去

上帝在為你關閉一扇門的時候，必定會打開另一扇窗。

卡爾從來不相信上帝是公平的，因為從他出生的那一刻開始，就注定了有一天他將看不到世界的光明。縱然每個人生下來都帶有不同程度的缺陷，可是雙目失明的卡爾即便用盡一生的時間，也無法改變這一現狀。

那時，卡爾才僅僅只有八歲。在一個孩童的眼中，世界一定充滿了斑斕的色彩，可是疾病奪去了他眼中的陽光。黑暗在瞬間籠罩在幼小的心靈之上。在最初的日子裡，卡爾竭盡全力想要重新獲得光明。然而，一切努力都只是徒勞。卡爾開始自殘，當他用鋒利的刀刃滑進自己的身體時，巨大的痛感讓他放棄了愚蠢的嘗試。

「外婆，為什麼我不能再看到陽光，為什麼我不能再看到天空，為什麼我不能再看到小狗波波的樣子?」卡爾流著淚一遍遍地問著外婆。失去了雙眼，對他來說就等於失去了全世界。

外婆心痛地替卡爾擦乾眼角的淚水，用滿是憐愛的口吻說：「孩子，這是上帝的選擇，我們沒有辦法改變的。」

「我不要聽從上帝的選擇，我只要我的眼睛能夠重新看到東西!」卡爾的倔強幾乎快要成為一種偏執。

卡爾自從兩歲的時候，就開始和外婆住在一起。爸爸媽媽需要去工作，沒有時間照顧孩子，所以卡爾從小到大最依賴的一個人就是外婆。其實，外婆最依賴的人也是卡爾。當她看到這個孩子一遍遍地向自己哭訴著不幸之時，外婆的心中又何嘗不是充滿了無法言語的淚水。為了幫助卡爾在黑暗之中重新站起來，外婆辭去了自己的工作，把所有的時間都用在了卡爾身上。

「孩子，外婆給你講一個故事吧。」外婆說，她知道，唯一能夠讓卡爾平靜下來的方法就是講故事。她看了看卡爾閃閃的大眼睛，不禁悲從中來，然後急忙抑制住自己的情緒，說：「從前，有一個人只有一條胳膊。他有一個偉大的夢想，就是環遊世界。他用唯一的一條手臂努力幹活，終於存夠了錢去環遊世界。這一天，他特意去商店為自己買了一雙新鞋，他希望在自己出門時候能夠給所有的人留下最美好的印象。」

「然而，在他上火車的時候，發生一件讓人很沮喪的事情。由於人多擁擠，而且他只有一條手臂行動非常不方便，所以等他上了車之後才發現，剛剛買的一雙新鞋卻被自己弄丟一隻。」外婆看了一眼卡爾，隨後用手觸摸了一下他的小臉蛋，示意他應該給自己一個回應。

卡爾笑了一下，說：「真是一個愚蠢的人！這一下，他的旅行肯定就全部泡湯了。」

「真的是這樣嗎？」外婆問道，「那你就應該認真聽下面的故事了。所有的人都為這個人覺得可惜，因為一雙全新的皮鞋還沒有穿過就被弄丟一隻。然而，他卻並沒有抱怨，在車廂的連接處，他緩緩地脫下另一隻鞋，向火車窗外丟了出去。所有的人都感到詫異，問他為什麼這樣做，這個人回答說『這只鞋無論多麼昂貴，它對我已經沒有任何意義了。我丟出窗外，也許會有人撿到一整雙，這樣的話或許他還能穿回家去』。」

將另一隻鞋丟出去

卡爾似懂非懂地點了點頭。「外婆，那我以後如果遇到那樣的情況，也一定將另一隻鞋丟出去。」

外婆笑了，她親吻了一下卡爾的額頭，說：「孩子，外婆是想要告訴你，在我們有能力幫助別人的時候，就不要吝嗇自己的損失。只有這樣，你的心裡面才會裝滿光明。」

卡爾沒有明白外婆的話，不過在他以後的人生之中，始終把外婆的話記在心間。「只有幫助別人，心裡面才能充滿陽光。」他一遍遍地重複著這句話，一步一個堅定的腳印，向著陽光的方向邁進。

當卡爾逐漸適應黑暗的生活之後，在外婆的幫助和鼓勵之下，他順利地讀完碩士學位，並成為了一名心理醫生。卡爾在接待每一位患者的時候，心中都沒有忘記過幫助他人的人生信念。不管遇到多少人，他都努力地把自己心中的陽光傳遞到對方心中，讓分享成為一條通往快樂的捷徑。

在一次演講之中，卡爾說：「儘管我看不見太陽，但我可以感受到陽光的溫暖；雖然我看不到大海，但我可以傾聽大海的聲音。」當全場的掌聲響起之時，卡爾仰望夜空，在一片星海之中，向遠在天堂的外婆送去了心中最美的陽光。

★把得到的擁抱獻給媽媽

我是一個電視節目主持人。在我做了一期關於愛滋病兒童的節目之後，某一天正要下班的時候，我收到了一封來自一個愛滋病組織的邀請函。他們邀請我去參加一個聚會，因為有一位一生都致力於愛滋病事業的先驅即將迎來自己退休的日子，他們在信上說如果我能夠出席，肯定會給現場的孩子們帶來更多的樂趣。

這是我義不容辭的責任。我幾乎沒有過多地思考，就答應了邀請。

那一天，我沒有把自己職業化的裝扮帶到聚會上，我也沒有帶著自己的攝製組，而是以我自己個人的名義參加了聚會。我想，這會讓我顯得更加親切，也許只有這樣，我才能用一個母親的愛去關心這些自從生下來就被死神寫進名單的孩子們。

如我所願，這一次見面的時候，孩子們少了被採訪時的羞怯，他們和我之間更多了一份默契。一個黑皮膚的男孩拉著我的手說：「姐姐，你今天看起來比電視上漂亮多了。」我微微笑了一下，在他的額頭上留下一個吻。他顯得十分高興，大叫著並跑向其他夥伴，大聲地告訴他們我剛才做的事情，我看到其他孩子們臉上展現出羨慕的表情。

整場聚會都在歡快的氣氛中度過。如果沒有人刻意提起，絕不會有人想到這一群快樂的孩子們是愛滋病患者。大家都心照不宣，我們雖然無法改變現狀，但是卻可以用愛去感化每一顆受傷的心靈。我們用愛築起堅固的障礙，以阻擋死神前進的步伐。

PART5 擁有一顆感恩的心

把得到的擁抱獻給媽媽

宴會的最後，基金會提出讓孩子們在一幅長長的畫卷上面隨意塗鴉，他們要把這些孩子心底最純真的夢想獻給那位先驅。我們都往那邊靠了過去，想要看看孩子們究竟想獻出什麼樣的禮物。

他們挑選了各自喜歡的顏色之後，便爬在畫布上認真地畫起來。有紅色的心、有藍色的天空、有鮮豔的花朵、有活潑的鳥兒、有可愛的臉龐……在這些孩子們的筆下，一樣有著一顆浪漫的童心。透過這些稚嫩的畫作，我似乎看到了他們在面對災難時的勇氣。

然而，一個小男孩的畫作卻吸引了我的注意力。在他的筆下，天空中一片灰暗，甚至就連代表和平與愛的鴿子，也被他塗上了灰色調。我以為這是他的惡作劇，可是當我開口問他為什麼這樣畫的時候，他的回答讓我的心瞬間變冷。

「因為，這就是我的真實想法。」他低著頭說，語氣中帶著悲傷。

我不禁感到好奇：「為什麼呢？難道這個世界不是豐富多彩的嗎？」

小男孩搖了搖頭，說：「我的媽媽快要死了，卻沒有人能幫助她。我知道，也許再過不久，我也會像我媽媽一樣死去，你們誰都幫不了我。」

我的心情變得沉重起來。原來，這些孩子並不像我想像的那般無知，在面對死神的時候，他們也一樣害怕、一樣無助。我輕撫著他的面龐，說：「孩子，我們每一個人都在盡力地幫助你和你的媽媽。沒有人會心甘情願地被死神帶走，除非他放棄了生活下去的勇氣。」

小男孩似懂非懂地點著頭。緊接著，他又說：「媽媽生病之後，再沒有人擁抱我了。我想，如果媽媽死去了，我就會永遠變得孤獨。」說著說著，他的眼淚就已經開始在眼眶裡面打轉。

我沖他微微笑了一下，張開雙臂，說：「孩子，如果你願意，我隨時都可以給你擁抱。」

小男孩將信將疑。他用狐疑的眼神看著我，似乎不相信我說的話。在我第二次向他微笑著點頭的時候，他才小心翼翼地撲到我的懷裡面。我緊緊地抱著他，就像是擁抱自己的孩子一樣，緊緊地，不願鬆手。

突然間，我感覺到他也在用柔弱的小手用力地抱著我，似乎想要抓住這片刻的溫暖。

我再次重申了剛才的承諾：「只要你願意，我隨時都可以和你擁抱。」

剛才還愁眉苦臉的他變得笑顏逐開。男孩拭去眼角的淚水對我說：「姐姐，我會好好地保存著你的擁抱，明天我會把它獻給我的媽媽。我想她也已經好久沒有得到這麼溫暖的擁抱了。」

看著男孩興奮的神情，我突然間被他對媽媽的愛所感動。原來，他一直擔心的是媽媽的病情。就連他得到的一個簡單的擁抱，都要獻給病重的媽媽。我想，在他的內心之中，一定是充滿了愛和陽光。

「明天，我和你一起去看媽媽，好嗎？這樣我就可以給她很多很多擁抱的溫暖。」我意味深長地對小男孩說，更是對我們在場的每一個孩子和每一個健康的人訴說。

★一碗麵的醒悟

親情是這宇宙間最無私的情感。親情是岳飛的母親滿懷期望地在其背上刻下的「精忠報國」；是孟子的母親為其更好的成長而費盡苦心地「三遷」；是朱自清的父親翻越柵欄時留下的那個蹣跚的背影……親情就這樣無所不在，它容忍著人們的遺忘和把它看作理所應當。

那晚，佳妮跟媽媽吵架之後什麼都沒帶，就孤身往外跑。可是，走了一段路，佳妮發現，她身上竟然一毛錢都沒帶，連打電話的硬幣也沒有！她走著走著肚子餓了，看到前面有個麵攤，香噴噴的味道飄來，好想吃！可是，她沒錢！

過一陣子後，面攤老闆看到佳妮還站在那邊，久久沒離去，就問：「姑娘，請問你是不是要吃麵」？

「可是……可是我忘了帶錢。」佳妮不好意思地回答。

麵攤老闆熱心地說：「沒關係，我可以請你吃。」

不久，老闆端來面和一些小菜。佳妮吃了幾口，竟然掉下眼淚來。

「姑娘，你怎麼了？」老闆問。

「沒有什麼，我只是很感激！」佳妮擦著淚水，對老闆說道：「你是陌生人，我們又不認識，只不過在路上看到我，就對我這麼好，願意煮面給我吃！可是……我自己的媽媽，我跟她吵架，她竟然把我趕出來，還叫我不要再回去！」

「你是陌生人都能對我這麼好，而我自己的媽媽，竟然對我這麼絕情！」

老闆聽了，委婉地說道：「姑娘，你怎麼會這樣想呢！你想想看，我不過煮一碗麵給你吃，你就這麼感激我，那你自己的媽媽，煮了十多年的麵和飯給你吃，你怎麼不會感激她呢？你怎麼還要跟她吵架？」

佳妮一聽，整個人愣住了！

是呀！陌生人的一碗麵，我都那麼感激，而我媽一個人辛苦地養我也煮了20多年的麵和飯給我吃，我怎麼沒有感激她呢？而且，只為了小小的事，就和媽媽大吵一架。匆匆吃完麵後，佳妮鼓起勇氣，邁向家的方向，她好想真心地對媽說：「媽，對不起，我錯了！」

當佳妮走到巷口時，看到疲憊、著急的母親在四處地張望。看到佳妮時，媽媽就先開口說：「阿芬呀，趕快回去吧！我飯都已經煮好，你再不趕快回去吃，菜都涼了」！

此時，佳妮的眼淚，又不爭氣地掉了下來。

有時候，我們會對別人給予的小恩小惠「感激不盡」，卻對親人、父母的一輩子恩情「視而不見」。

我們就這樣享受著父母給予的愛，固執地霸佔著，剝奪了他們的青春。將他們的辛勞變成我們飽腹蔽體的物品，用他們的蒼老換來了我們朝氣蓬勃的青春，我們還抱怨他們的忠言，抱怨他們的諄諄教誨。

想想看，只有等到我們身為父母，只有等到自己養兒育女的那一天，才會瞭解為人父母的

PART5 擁有一顆感恩的心

一碗麵的醒悟

那種心情，那種蔣雯麗所描述的「當我第一眼看見他（她的孩子）時，就恨不得把全世界所有美好的東西都捧到他的跟前」的感覺。

也許，生活的步履過於匆忙使我們忘記了對身邊的親人說一些感激的隻言片語，往往等到我們發現時已經後悔莫及。現在，不妨讓我們停下腳步，懷著一顆感恩的心，對他們說一聲感謝。感謝他們把我們帶到這個世間，感謝他們培養我們健康成長，感謝他們讓我們得到這世間一切美好的東西。

默許傷害
你若任人欺凌，就表示你毫不在意

PART 6 學會情緒轉向

一個明智的人，在面對不可避免的事實的時候，不是抗拒，不是逃避，而是試著放鬆，並以一種博大的胸襟和氣魄來為自己解脫，讓自己很優雅地離開這種負面情緒，進入心靈的正面狀態。

鎮靜的人知道如何才能控制自己的情緒，也在日常生活中能很好地理解別人，避免不必要的情緒波動，這樣不僅對自己有好處，對別人也有好處。

★還好你沒事

我們新買了一輛車。儘管我們完全可以坐飛機回到家鄉和父母一起過耶誕節，但是出於對新車的熱情，我和妻子還是選擇了開車走漫長的路程。

我們和家人度過了一個愉快的假期，然而回程的路上卻遇到了難以想像的困難。長途跋涉讓我們疲倦至極，我們只好一個人開車另一個人睡覺，如此輪流著休息。更糟糕的是，我們遇到了一場強大的暴風雪，長時間的塞車成了心腹大患。

在馬路上如同蝸牛般行駛了幾天之後，我們終於回到了自己家。此時已經是晚上九點多了，可是還有滿滿的行李等著我們拿下車。妻子這個時候只想要快點洗個熱水澡然後上床睡覺，雖然我一再堅持先卸完行李，可是我同樣也不想在一片泥濘之中拖著沉重行李走向家門口。最終，我被妻子說服了。我認真檢查車門確實鎖好之後，才和妻子一起回到房間睡覺。

第二天，是一個難得的大晴天。身心俱疲的我們從睡夢中緩緩睜開雙眼的時候，陽光已經占滿了大半個屋子。我推醒還在睡著的妻子，告訴她應該起床吃點東西了。當她起身去廚房想要翻找一些可以填飽肚子的食物時，眼光不自覺地掃向我們的停車位。那裡空空如也，就像是什麼也不曾發生過一樣。

「親愛的，你把汽車停在什麼地方了？」妻子隨口問了我一句。

我正在盥洗室裡面洗漱，聽到妻子的問話，我感到一絲莫名其妙，但是又不明白她為什麼

PART6 學會情緒轉向

還好你沒事

會這麼問。「就在咱們家的停車位啊！」我的回答顯得理所當然。

突然間，我意識到了發生的事情，急忙咬著牙刷就往門外面跑，妻子跟在我的身後也在緊張地張望著。可是停車道上卻沒有我們要尋找的目標，這時，我們兩個人才回過神來，車被偷了。

我給警察局打了電話，不多時，就有員警過來做了詳細的筆錄，他們說會利用定位系統在兩個小時之內找回我的車。這讓我懸著的心終於放了下來。可是，等待的時間竟然如此難熬，我和妻子簡直就像是坐在火爐上一樣不得安穩。

終於，我眼前鐘錶上的指針跳過了最後一個格。我抓起身邊的電話，撥通了警察局的號碼。我急忙問車子找到了沒有，可是對方卻委婉地向我表示道歉，並且保證在接下來的兩個小時之中還有百分之九十四的概率幫我們找到車子。

又過去了兩個小時，我再一次把電話打了過去。「對不起，先生，但是我們保證在接下來的兩個小時裡面還有百分之九十的概率……」

我沒有聽對方說完，就朝電話裡面吼道：「我他媽的不管你們有多少概率，我現在只想見到我的汽車。」

電視上一條汽車廣告正在播出，在廣告的末尾，一個汽車經銷商用嫻熟的口吻說：「難道你不想在停車道上有一輛這樣的車嗎？」

我苦笑了一下，說：「是的，昨天我的停車道上還有一輛這樣的車。」

默許傷害

你若任人欺凌，就表示你毫不在意

妻子知道我因為丟汽車的事情而煩惱不已，她輕輕地坐在我的身邊，說：「親愛的，也許我們沒有必要擔心，員警一定會幫我們找回汽車的。就算沒有找回，我們也應該把目光放在我們還有什麼之上，而不是我們失去了什麼。」

我沒有理會汽車廣告，我甚至有些責怪妻子。在汽車中的行李裡面，有我童年珍貴的照片，有家人送給我們的各種禮物，甚至還有我已經簽了名的支票。如果失去了這些，我的生活將會失去很大的一塊記憶的空間。

車子在第二天早上被送回來了。不過它已經被毀得不成樣子，而且車裡面的行李也沒有了蹤影，我總共花了將近三千美元才將它修好。妻子卻說：「還好，雖然花了不少錢，但是我們還是有自己的汽車的。」

我沒有責怪她的「冷嘲熱諷」，那天晚上，我獨自坐在汽車裡面努力去回想因為這場災難而丟失的一切，我希望可以有其他辦法彌補回來。可是，我的努力只是徒勞。

更為不幸的是，第二天我開車去上班的時候竟然出了車禍。我剛剛花錢修好的汽車在車禍中毀於一旦。妻子趕到警察局之後，她緊緊地抱住我，哭著說：「感謝老天，還好你沒事。」

我這才明白，雖然在事故中我又一次失去了自己的汽車，但是我並沒有受傷。妻子在乎的並不是汽車，而是她身邊愛著的那個男人有沒有受傷。至此我才明白，起碼我還有溫柔的妻子陪在身邊。老天剩下留給我們的，遠比我們所失去的有價值得多。這或許是另一種恩賜吧。

★ 調好焦距就 OK 了

最近，不知道怎麼回事，我總是毫無緣由的開始焦慮。我為我太瘦了而焦慮，為我在掉頭髮而焦慮，為我現在生活的不夠好而焦慮，擔心不能給人留下良好的印象而焦慮，覺得我得了胃潰瘍而焦慮，害怕永遠沒辦法賺夠錢來娶個太太而焦慮，更怕失去我想要娶的那個女孩子……

總之，我因為整日深陷焦慮而無法正常工作，不得不辭掉工作回到家裡。可是，我的內心仍然很緊張，像一個沒有安全閥的鍋爐，隨時都擔心有可能爆炸的危險。如果你從來沒有經歷過精神即將崩潰的煎熬考驗的話，那就祈禱上帝讓你永遠也不要有這種經驗吧！因為再沒有任何一種身體上的痛苦，能超過精神上那種極度的折磨了。

我精神衰弱的情況，甚至嚴重到沒辦法和我的家人交談。我控制不住自己的情緒，心裡充滿了恐懼，只要有一點點聲音，就會把我嚇得跳起來。我躲開每一個人，常常無緣無故地哭起來。

我每天都痛苦不堪，覺得我被所有的人拋棄了，甚至上帝也拋棄了我。我真的很想跳河自殺。

但後來我決定到大理去旅行，希望換個環境，這樣也許對我有所幫助。我上了火車之後，父親交給我一封信並告訴我，等到了大理之後再打開看。

默許傷害

你若任人欺凌，就表示你毫不在意

到大理的時候正好是旅遊旺季，因此正當旅館裡人滿為患根本訂不到房間，我就只好在一家汽車旅館裡租一個簡陋的房間睡覺。我想找一份打工，可是沒有成功，所以我把時間都消磨在海灘的靜坐上。

在大理比起在家的時候更加難過，我忽然想起父親的信，於是拆開來看看父親到底會給我寫些什麼：

「兒子，你現在離家 1500 哩，但你並不覺得這有什麼不一樣，對不對？我知道你不會覺得有什麼不同，因為你還帶著你所有麻煩的根源——那就是你自己。聽我說，並且相信我孩子，無論你的身體或是你的精神，都沒有任何毛病，因為並不是你所遇到的環境使你受到挫折，而是由於你對各種情況的想像。總之，一個人心裡想什麼，他就會成為什麼，當你瞭解這點以後，就回家來吧。因為想通了，你就好了。」

我父親的信讓我非常生氣，我要的是同情，而不是教訓。我當時氣得決定永遠不再回家。那天晚上，經過一個正在舉行禮拜的教堂，因為沒有別的地方好去，就進去聽了一場佈道。講題是「征服精神，強過攻城掠地」。我坐在神的殿堂裡，聽到和我父親同樣的說法。這一來我就把腦子裡所有的胡思亂想一掃而空了，彷佛真的開竅了一樣，我第一次能夠很清楚而理智地用我自己的腦袋開始思考，並發現自己真的是一個實實在在的傻瓜！

看清了自己，實在使我非常震驚，我還想改變這個世界和世界上所有的別人，其實唯一真正需要改變的，只是我自己而已，是我腦部那架思想相機鏡頭上的焦點。

調好焦距就 OK 了

既然看清了自己，又想通了一切，我那天晚上終於舒舒服服的睡一晚好眠。第二天大清早我就收拾行李回家，一個星期以後，我又回去做以前的工作，4個月以後，我娶了那個我一直怕失去的女孩子。我們現在已經有一個快樂的家庭，生了1個女兒，無論是在物質方面或是精神方面，老天對我都很好。

當我精神臨近崩潰的時候，我是一個策劃部的負責人，手下有十幾個人；現在我是一家文化公司的總監，管理著數十名的員工。生活比以前充實得多。我相信我現在能瞭解生命的真正價值了。每當感到不安的時候，我就會告訴自己：只要把攝影機的焦距調好，一切就都OK了。

我要誠實地說，我很高興曾經有過那次精神崩潰的經驗，因為它使我發現思想對身心兩方面的控制力。我現在能夠讓我的思想為我所用，而不會有害於我；我現在才知道我父親是對的，使我痛苦的，確實不是外在的情況，而是我對各種情況的看法。當我瞭解這點之後，就完全好了，而且不會再生病。

我還要和你分享的是，在遇到困難時，應該選擇積極的態度，而不要採取消極的態度。換句話說，必須關注我們所遇到的問題，而不能因此憂心忡忡，庸人自擾。而關注和憂慮之間的分別是——「關注」就是要瞭解問題在哪裡，然後很淡定地採取各種步驟加以解決；「焦慮」卻是發瘋似的在小圈子裡打轉，像一艘大海裡失去方向的帆船，只能隨風而行難以自己。

★打敗煩惱

拳擊絕對是一項危險的運動，所以，拳擊手需要足夠的勇氣，他們需要不斷地鼓勵自己，藉以消除煩惱，就像傑克．鄧普賽一樣。如果拳擊手整天被各種各樣的煩惱纏繞著，想著會被別人打傷這裡、打傷那裡，那麼他就永遠也不會成功，甚至會白白送命。

拳擊手傑克．鄧普賽說：「在我的拳擊生涯中，我發現，煩惱比我所對付過的任何重量級拳手更難對付。我知道，我必須學習停止煩惱，否則它會削弱我的活力，破壞我的成就。於是，我自己擬定了一項制度。」

以下是拳擊手傑克．鄧普賽為自己擬定的制度要點：

第一，經常給自己說些打氣的話

例如，在我和佛波比賽的時候，我不斷地對自己說：「沒有人敵得過我，他傷不了我，他的拳頭傷不了我，我不會受傷，不管發生什麼事，我一定要勇往直前。」

像這樣為自己打氣，讓想法趨向積極，對我幫助很大，甚至使我不覺得對方的拳頭在攻擊。在我的拳擊生涯中，我的嘴唇曾被打破，我的眼睛被打傷，肋骨被打斷，而佛波的一拳將我打得飛出場外，摔在一名記者的打字機上，把打字機壓壞了。但我對佛波的拳頭麻木不覺。只有一次，那天晚上，李斯特．強森一拳打斷了我的三根肋骨。那一拳雖傷不了我，但影響到我的呼吸。我可以坦白地說，除此之外，我在比賽中未對任何一拳有過知覺。

第二，不斷提醒自己：煩惱是有害無益的

我大部分的煩惱，都出現在我參加大比賽之前，也就是接受訓練之中。我經常在半夜醒來，連續好幾個鐘頭，心裡非常煩惱，輾轉反側，無法入眠。我擔心會在第一回合中被對方打斷手，或扭了腳踝，或眼睛被嚴重打傷，這樣我就不能盡情發揮攻勢。當我煩惱到這個地步時，我總是下床來，望著鏡子，好好與自己進行一次對話。

我會對自己說：「你真是個笨蛋，竟然為一些還沒發生而且可能根本不會發生的事情如此煩惱，人生短暫，你只有幾十年可活，所以你必須盡情享受。」

我接著又對自己說：「你的健康最重要，除了你的健康，沒有任何東西比它更重要。」我不斷提醒自己，失眠和煩惱會破壞我的健康。我發現，我不停對自己說這些事，每天，每月，每年，最後，它們終於滲透到我的皮膚裡了，我因此可以很容易地除掉所有的煩惱。

第三，為自己祈禱，增加信心

不管是在訓練，還是正式比賽時，我總是在每一回合鈴響之前祈禱。此舉使我有信心和勇氣比賽。

……

傑克．鄧普賽的做法很值得借鑑，我們在生活中也應該認識到煩惱對我們的健康無益，透過積極地誘導自信的主動意念，我們就可以消除煩惱。

★接受最壞情況

威利斯．卡瑞爾年輕的時候，曾經在紐約州的巴法羅鑄造公司工作。公司正在研究一項新技術，那是一種可以讓瓦斯充分燃燒而不會讓留下的灰燼燒毀引擎的實驗。由於該項技術還處在實驗的階段，所以很難定奪將會出現什麼問題。

密蘇里州的匹茲堡玻璃公司大膽地試用了這項新技術，然而隨之也產生了一系列問題。威利斯．卡瑞爾被派往該公司去解決這些問題。因為這種方法以前只實驗過一次，所以在面對新產生的問題時，威利斯也感到自己束手無策。很多事先沒有想到的困難都發生了，手忙腳亂的威利斯覺得一切都完蛋了。公司投資幾百萬美元建造的瓦斯清潔機很有可能會因此而毀於一旦。所有調整的方法都用過了，可是收到的效果卻依舊不如人意。

這間公司的領導生氣了，他向威利斯吼道：「我花了兩萬美元來改造所有的機器，可是現在難道你們要眼睜睜地看著我的兩萬美元打水漂嗎？」

威利斯急忙向他道歉，並表示自己一定會想辦法修好的。可是怎麼修、誰能修，所有的問題都非常現實地擺在他面前。威利斯感到前所未有的絕望。他覺得好像是有人在腦袋上重重地給了他一拳一樣，現在他的腦子完全處於一種混亂的狀態。

我要是修不好怎麼辦？老闆的兩萬美元打水漂怎麼辦？我被開除怎麼辦？我沒有錢去交貸款怎麼辦？一大串的問題像海底的泥沙一樣浮現出來，塞滿了威利斯的腦袋。他再也無法正常思考，甚至難以入眠。他害怕所有的擔心在自己一覺醒來的時候都會變成現實。

躺在床上輾轉反側的威利斯被一陣清風送進了夢鄉。不知道是什麼時候，他從睡夢中醒了過來。望著天上的繁星，威利斯依舊還在為白天的事情煩惱。突然，他開始怨恨自己，怨恨自己不應該把時間浪費在也許並不會發生的事情之上。現在，首先要做的事情就是如何去解決問題。

威利斯用冷水洗了一下臉，強迫自己保持清醒。「好吧，也許老闆會炒了我，這是失敗之後最糟糕的情況。」他自言自語道。想到這裡，威利斯覺得自己身上的壓力好像沒有那麼大了。他開始冷靜地去分析眼前所面臨的難題。威利斯在紙上寫下了三條原則，而這三條原則也成了後人的警示。

第一，我不應該害怕發生什麼不好的事情，哪怕是出現最壞的情況，我只會丟掉我的工作，我的老闆或許會把整個機器拆掉，讓投入進去的兩萬美元泡湯。但是，這一切都已經和我無關了。我已經被開除了，更不會有人把我關起來或者拿著槍要打穿我的頭。所以，我不應該害怕，既然事情已經發生，那就只有去面對；

第二，我已經知道了最壞的現實。那麼接下來需要做的就是去接受它。也許這次失敗，會成為我人生履歷上的一個污點，但是我還可以另外找一份工作，這已經是我要面臨的最糟糕的事情了。而且，老闆也知道這只是一個實驗，所以他很可能會認為這兩萬美元是用來「交學費」的。如此一來，我或許還能保住目前的工作。所以，我應該努力去解決問題，說明實驗和收集資料。

第三，接下來的事情，就是努力去解決困難了。

寫下了這三點，威利斯覺得眼前豁然開朗。現在面臨的困難，他已經為自己做出了最合理的分析。所以，再沒有多餘的廢話和抱怨，威利斯全身心地投入到了研究之中。終於，他發現只要再投入五千美元就能完全解決問題。等他電話向老闆彙報之後，老闆同意了他的建議。最終，威利斯用五千美元挽回了兩萬美元的損失。

此時，他最想感謝那天晚上的自己。若不是他能夠冷靜下來分析自己所面臨的形勢，恐怕現在早已經讓最壞的事情發生了。「在困難面前，行動永遠都不會晚。」這是他告誡自己的箴言。

林語堂先生在他的《生活的藝術》裡說過這樣一句話：能接受最壞的情況，在心理上就能讓你發揮出新的能力。

★威爾遜與抱怨命運的盲人

威爾遜是一位非常成功的商人，他從一個普通的小職員做起，經歷多年的奮鬥與累積，最後擁有了自己的公司，受到員工們的愛戴與尊敬。

這天，威爾遜從辦公大樓走了出來，就在他走到街上時，身後忽然傳來「叩叩叩」的聲音，那是盲人用竹竿敲打地面所發出的聲響。

威爾遜愣了一下，接著緩緩地轉過身。

那個盲人感覺到前面有人，連忙打起精神，上前哀求道：「先生，您一定發現我是個可憐的盲人吧！能不能佔用您一點點時間呢？」

威爾遜說：「好，不過我正趕著要去見一個重要的客戶，你有什麼要求，請快點說吧。」

只見盲人在背包裡摸索著掏出一個打火機，遞到威爾遜面前，說「先生，這個打火機只賣一美元，這是最好的打火機啊！」

威爾遜聽完後嘆了口氣，他掏出一張鈔票，遞給盲人：「雖然我不抽煙，但是我很願意幫助你，這個打火機我可以送給開電車的小夥子。」

盲人感謝地拿過了鈔票，並用手摸了一下，居然是一百美元

他顫抖著手，反覆撫摸著這張鈔票，嘴裡感激地說「您是我遇見過的最慷慨的先生，仁慈的富人啊，我願意為您祈禱！願上帝保佑您！」

默許傷害

你若任人欺凌，就表示你毫不在意

威爾遜笑了笑，轉身準備離開。然而，盲人忽然又拉住他，喋喋不休地說「您知道嗎？我並不是一生下來就瞎了，我會有今天，都是23年前，布林頓的那次事故害的。」

威爾遜一驚，問道：「你是在那次化工廠爆炸中失明的嗎？」

盲人似乎遇見了知音，他連連點頭：「是啊，是啊。您也知道吧？那次可死了93個人，受傷的也有好幾百人，在當時可是頭條新聞哪！」

盲人似乎想用自己的遭遇打動威爾遜，以爭取更多的施捨，他哀怨地說：「我真可憐啊！失明之後到處流浪，每天有一頓沒一頓地過活，或許死了都沒人知道。」

越說越激動的盲人，接著憤憤地說：「您不知道當時的情況，火一下子就冒了出來，就像是從地獄裡冒出來似的！我好不容易跑到了門口，可是有一個大個子，卻在我身後大喊：『讓我出去！我還年輕，我不想死！』接著他將我推倒，還踩過我的身體跑了出去，然後我就失去了知覺。等我醒來時，已經變成現在這個模樣了。唉！命運真不公平呀！」

誰知，威爾遜聽完後，卻冷冷地道：「朋友，事實恐怕不是這樣吧？我認為，你故意把當時發生的事情完全說反了。」

盲人一驚，空洞的眼睛呆呆地對著威爾遜。

威爾遜緩緩地說：「當時，我也是布林頓化工廠的工人，而你才是那個從我身上踏過去的大個子，因為你長得比我高大。更重要的是，你說的那句話，我永遠都忘不了。」

盲人呆呆地站了好久，突然他一把抓住了威爾遜，接著發出一陣詭異的大笑：「你看，這就是命運啊！不公平的命運！你原本在裡頭，如今卻出人頭地了；而我雖然跑了出來，現在卻成了一個沒有用的瞎子。」

威爾遜用力地推開盲人，並舉起手中精緻的棕櫚手杖，靜靜地說「你知道嗎？我也是一個瞎子，你相信命運，但我相信努力。」

PART6 學會情緒轉向

威爾遜與抱怨命運的盲人

★別為過去而遺憾

如果你對過去的一切感到遺憾，那麼你就忽略了過去賜給你的禮物，你就把自己當成了受害者，拒絕承認自己是強大的創造者。

如果你感到內疚，覺得不應該那麼做，那麼你對自己就太苛刻了。如果當時你瞭解得再多一些，你可能不會那麼做，但是，你那麼做完全是在自己所知的範圍內盡力而為的。有了孩子，你才能學會做父母，有了過去的經歷，你才能學會做自己。信任自己過去所取得的進步，但不要為過去的遺憾喋喋不休。

我們或許曾經把一切想像得非常美好，甚至相信自己錯過了真正的靈魂伴侶。但是，過去一去不復返，此時此刻才是活力的源泉、真正力量的來源。

在美國歷史上，伊東．布拉格是第一位獲得普利茲獎的黑人記者，當同行採訪布拉格，詢問他的獲獎感受時，他在麥克風面前講述了一段令人感慨的經歷：

我小時候，家裡非常窮，我父親是個水手，他每年都來來回回地穿梭於大西洋的各個港口，儘管如此，賺的錢依然不夠維持全家人的生活。面對這種處境，我非常沮喪，因為我一直認為，像我們這樣地位卑微、貧窮的黑人不可能有出息。

抱著這種想法，我渾渾噩噩地上學，可想而知，成績也好不到哪兒去，就這樣，我在自己設定的圍牆下過了10多年。有一天，父親突然對我說：『現在你長大了，應該帶你出去見見世面，我希望你的生活能和父母不同，能擺脫從前的貧窮而有所成就。』聽了父親的話，我暗想：『有成就？怎麼可能呢？我不過一直都是個窮黑人的兒子。』

儘管如此，我依然聽從父親的安排，隨他一起去參觀了大畫家梵．高的故居。在這間狹小、幾乎空空如也的屋子裡，我看見了一張小木床，還有一雙裂了口的皮鞋，我很驚訝，這位著名畫家的生活居然如此簡陋！

我問父親：『梵．高不是個百萬富翁嗎？他怎麼會住在這種地方？』

父親說：『兒子，你錯了，梵．高曾經是個窮人，是個比我們還要窮的窮人，他甚至窮得娶不上妻子，可是他沒有向昨日的貧困屈服。』

這段經歷讓我對以前的看法產生了疑惑，我想：我是否也可以從我過去的庸庸碌碌中擺脫出來而有所作為呢？梵．高不也是個窮人嗎？他為何知道自己只不過是昨日的窮人而非現在、將來的窮人呢？

第二年，父親又帶著我到了丹麥，我們游走於安徒生的故居內，這裡的環境比梵古強不了多少，我更驚訝了，因為在安徒生的童話中，到處都是金碧輝煌的皇宮，我一直以為他也和書中的人物一樣，住在皇宮裡。

我向父親提出了自己的疑問：『爸爸，難道安徒生不是生活在皇宮裡嗎？』父親看著我意味深長地說：「不，孩子，安徒生是個鞋匠的兒子，你喜歡的那些童話就是他在這棟閣樓裡寫出來的。」

默許傷害

你若任人欺凌，就表示你毫不在意

「直到這時，我才終於明白，父親為什麼會帶我參觀梵．高和安徒生的故居？其實他想告訴我：不要在乎過去所過的生活如何貧窮，儘管我們是窮人，身份很卑微，但這絲毫不影響我們往後成為一個有出息的人。」

他可能還想告訴我：「從過去的失敗和勝利中學習是重要的，但不要沉浸在其中。不要讓過去的經歷分散你現在的精力。偶爾回憶一下是可以的，但不要駐留在回憶中。開車時，如果老是看後視鏡，你會看不到前方的路。如果你需要從過去的經歷中學習，過去的經驗自然會出現。不要刻意尋找它們，它們會自己找上門來。

當一個人學會感謝生命中的每一件事，他便獲得了自由。而對過去的否認和斷定，只會消滅現在和未來。」

★硬幣還有另一面

我的生活糟糕透頂，毫無色彩沒有興致和衝勁，人生和事業掉進到低谷，我每天只知道蒙著頭睡大覺，等到肚子餓的時候，便起床去路邊的餐廳隨便吃一點東西。我對未來也失去了希望。在我看來，每一天都是在一樣地重複著。今天是昨天的延續，而明天必將重複昨天的生活。

這一天，我又來到外面吃東西，這是傑瑞的餐館，他在這裡已經十幾年了。「嗨，小夥子，我看你最近精神可不太好啊！」

我的手指不耐煩地敲擊著桌子：「是的，你說的沒錯。我的情況是不太好。」

傑瑞在我對面坐下來，微笑著對我說：「那麼，能說來聽聽嗎？或許我能夠幫上什麼忙。」

傑瑞的熱心腸在整個街區都是出了名的，我不知道他何以能夠整天保持著一副燦爛的笑容，好似生活之中永遠都沒有煩心事一樣。看著他善意的微笑，我封閉的內心決定向他敞開。一來因為傑瑞不但是我的長者，更是我從小到大的好朋友；二來我也確實需要有人聽我傾訴，否則我的精神一定會崩潰的。

我開始對他講述有關我遭遇到的失業，以及失戀，我的遭遇如此悲慘，我的聲音痛苦至極，可是，可是，我的天啊！在我整個的敘述過程中，傑瑞的臉上始終保持著友好的微笑，這讓的一副極其缺乏同情心的樣子，實在讓我忍無可忍，更使我產生了一點抵抗情緒。「上帝啊，難道你就不能對我表現出一點同情心嗎，傑瑞？」

傑瑞招呼夥計拿來兩杯啤酒，我拿起一杯一飲而盡，而他卻遲遲沒有動口。「年輕人，你有興趣聽聽我的故事嗎？」傑瑞說。

聽你講故事？講有關你的故事？哦，「好啊，講吧！」

傑瑞呷了一小口啤酒，他放下酒杯，伸手摸了一下自己的胸口，說：「那是發生在我剛剛開這間餐館不久的事情。因為工作過於勞累，有一天晚上，打烊之後我忘記了把店門鎖上。你知道的，意外往往就會發生在我們不經意犯的錯誤的時候。一堆強盜闖進了我們的房間。他們一槍打死了我的太太。」說到這裡，傑瑞的臉色變得凝重起來。

我並不知道這些事情，當傑瑞講起他悲慘的過去時，我才發現在他微笑的背後居然隱藏著巨大的痛苦。

「當時，我也中了一槍。」傑瑞儘量鎮定自己的情緒繼續說：「感謝上蒼，我一直堅持到醫護人員前來救我。可是，當我看到醫生和護士們在我的頭頂上竊竊私語，卻遲遲不給我做手術。我忽然間明白，我的傷勢可能已經到了無法挽救的地步。我閉上眼睛，靜靜地傾聽著死神的腳步。我聽見護士在急切地呼喚我的聲音，以確定我是不是已經死去。但是，就在那幾秒鐘，我在做著一個主宰我一生的重大決定——我可以選擇就這樣結束自己的生命，也可以選擇在地獄的入口處和死神拼命一搏。於是，我用盡全身力氣沖醫生喊道『請不要在我死後再開刀動手術。』他們被我這句話震驚了，所有人才反應過來一個事實，那就是我還是一個活人。」

傑瑞又一次停下來，他喝了一口酒潤了潤嗓子，「手術很及時，我倔強地活了下來。我知道，若不是我最後做出的決定，很有可能所有的人都會放棄對我的搶救。有關於這一件事，從某種意義上說，我既可以不憎恨那個開槍的匪徒，也可以不感謝醫生和護士。因為就在那一刻，真正主宰我生命的人，我最想感謝的那個，就是我自己。你明白嗎？若是我自己放棄了信念，那麼任何人也拯救不了我的生命。」

傑瑞結束了他的故事之後，我驚嘆地說：「傑瑞，我真的不知道你的人生竟然這麼曲折驚心動魄。我真為你感到驕傲。可是，我有一點不明白。為什麼你在差點丟掉性命之後，一點都不會記恨那個歹徒，並且直到今天為止，你都還會保持一種積極向上的生活態度呢？說實話，我一直都搞不明白，為什麼你會天天把笑容掛在臉上。」

傑瑞再次笑了，在陽光的映照下他的微笑顯得是那樣的燦爛溫暖，眼睛和牙齒都在閃耀著光芒，「每天早晨，在我睜開眼睛看到這個世界的時候，我就會告訴自己，世界上有美有醜，人生有悲有喜，既然我無法改變世界的現狀，那我最起碼還有一件事情可以自己做決定，那就是選擇的權利。我選擇和歡樂與愛相伴，我選擇天天開心，我選擇把笑容傳播給每一個我認識的和不認識的人們。選擇，這就是我能做的最有意義的事情。」

我恍然大悟，原來，所有的煩惱和困惑都是選擇惹的禍。不是我們不懂得去選擇，而是我們選擇了錯誤的方向，才會讓人生的天空佈滿烏雲。

傑瑞一口喝下杯中的啤酒，然後從口袋裡面掏出一個硬幣，遞給我說：「年輕人，你未來的路還很長。只要你記得，當生活給予你悲痛的時候，硬幣還有另一面可以選擇。當你已經處

默許傷害

你若任人欺凌，就表示你毫不在意

在快樂之中的時候，忘記那枚硬幣吧，你已經尋找到了人生的真諦。」

我拿著傑瑞給我硬幣，推開門走出了餐廳。陽光公平地灑在每一個人臉上，只是因不同的人呈現出了不同的色彩。我輕輕翻轉了一下硬幣，隨後便在隔壁櫥窗中看到了自己微笑的面龐。從此我懂得，生活總會有許多種狀況，但以什麼態度、怎麼生活，選擇權在我。

★競選規則第一條

羅伊斯正準備參加一場選舉。他所在黨派的領袖是他多年的同學艾德，他想要從艾德處學一些選舉時的規則以及應該具備的基本素質。在電話中約定好了見面地點之後，羅伊斯西裝筆挺地就從家裡面開車出發了。

路上的看板裡面貼滿了競爭對手的宣傳口號，這讓羅伊斯很是氣惱。他打電話給自己的助手，質問他為什麼沒有把自己的競選標語張貼出來。他在電話裡面暴跳如雷，在一頓臭罵之後生氣地把電話摔在了旁邊的椅子上。助手根本沒有機會去解釋事情的來龍去脈，白白挨了一頓臭罵。

艾德正坐在客廳等著他的到來。羅伊斯脫去外套坐了下來，他臉上的怒氣顯然還沒有完全消散，氣得發紅的面龐讓人遠遠地就會產生畏懼感。

「你剛才發脾氣了？」艾德關切地問。

羅伊斯點頭稱是，隨後他把自己所見的情況以及助手的無能像是倒苦水一般向艾德敘述了一遍。艾德始終保持著微笑，並沒有因為羅伊斯的憤怒而憤怒。

羅伊斯十分不解，他突然問道：「艾德，難道你不想我在競選中取得勝利嗎？難道你和我不是同一個戰壕裡面的戰友了嗎？難道你看到滿大街都是那個小子的頭像，心裡面不會不舒服嗎？」羅伊斯一連串的發問，像是迫擊炮一樣緊逼著艾德做出回答。

艾德不緊不慢地回答說：「羅伊斯，我想你首先要做的就是先平靜自己的怒氣。你不是來向我求教的嗎，那麼現在我就告訴你在競選時的第一條規則：無論對手用什麼樣的方式去指責、批評、咒罵甚至污蔑你，你都不可以發怒。不論他人說你什麼樣的壞話，你都要保持平靜，並且微笑面對。」

羅伊斯笑了一下，說：「這太簡單了，我很輕易地就能夠做到。我明白，別人對我的批評其實是在幫助我敲響警鐘。接下來呢？」

「好的。我真心希望你能夠把這一條規則牢記在心上。因為，它是第一條也是最重要的一條規則。如果你無法遵守它，那麼後面所有的規則都將無從談起。」艾德嚴肅地說。

羅伊斯皺了一下眉，說：「老朋友，你還信不過我嗎？這樣吧，從現在開始，我每發一次怒，你就罰我十塊錢。我會讓你看看我是怎麼樣保持住紳士風度的。」

艾德搖了搖頭，表示對羅伊斯剛才說的話的不屑。「我並不是想要你那十塊錢，但是像你這種呆頭呆腦的人，什麼時候才能記住這麼重要的規則啊！」

「什麼？你居然說我……」羅伊斯顯得驚訝且憤怒，他不相信這樣的話會從自己多年的好朋友口中說出。

「10塊錢。」艾德伸出手說，「我就知道你這混蛋是不會記住規則的。看看，我這10塊錢賺得有多麼容易。」

「你根本沒有告訴我遊戲已經開始了。你這個騙子！你存心是想要從我手裡面騙錢的！」

PART6 學會情緒轉向

競選規則第一條

羅伊斯的憤怒再一次被激發起來。

當艾德第二次向羅伊斯伸出手的時候，他才明白自己又一次上了艾德的當。沒辦法，自己有言在先，現在只得乖乖地掏出第二張鈔票。「你真是一隻狡猾的狐狸！」羅伊斯笑著說。

艾德的臉上寫滿了嚴肅，他十分正經地對羅伊斯說：「我可不想和你耍什麼花樣。這是你自己答應的條件，你要是不想繼續玩下去的話，我保證會讓你臭名遠揚的。你的父親是一個遠近聞名的惡棍，我想，他的兒子也不會強到哪裡去吧！」

「你竟然敢污蔑我的父親，艾德，我一直把你當朋友看，但是從今天開始你將會是我的仇人。」說完，羅伊斯拿起自己的衣服就要向門口走去。

艾德把手中捏著的兩張10元錢放到桌子上，隨後便大笑起來。「兄弟，怎麼樣，這一條規則並不是那麼容易吧？10塊錢也許對你是小數目，但是如果僅僅因為一次發怒，而讓你丟失一張選票的話，你還願意那麼做嗎？」

羅伊斯這才明白艾德的良苦用心。他放下衣服，緊緊地擁抱了一下艾德。他明白，10塊錢和一張選票之間永遠無法劃上等號。是艾德，讓他用10塊錢的代價贏回了一張更有價值的選票。面對艾德依然微笑著的面龐，羅伊斯緊繃的臉也漸漸地舒展開面容。

不要憤怒，這是羅伊斯在最後選舉演講之前對自己說的唯一一句話，也將是他一生銘刻在心的箴言。

★肯定的力量

那是幾年前的一個下午，我開車前往另一個城市辦理一樁業務。整整一個下午，我都在人際罕見的公路上行駛，炙熱的太陽幾乎快要融化掉汽車的車頂。更糟糕的是，我車內的冷氣壞掉了。這讓我的行車旅程變成了一場可怕的噩夢。

在太陽快要下山的時候，我才好不容易找到一個加油站。本來想在給汽車加滿油之後，順便到旁邊的便利店買一些飲料。炎熱的天氣消耗了我身體中大部分的能量，現在的我看一起來一定疲累至極。現在，我只想在一罐冰涼的啤酒下肚之後，能夠躺在旅館舒適柔軟的大床上安安穩穩地睡上一覺。

當我拿著物品去櫃檯結帳的時候，收銀員的話讓我嚇了一跳。「先生，你今天感覺怎麼樣？」

「很好啊！」我對他的問題感到莫名其妙，不明白他為什麼不和我談論今天的天氣怎麼樣，而是直接問我的身體狀況。

「是嗎？」收銀員狐疑地說了一句。「可是，先生，你知道嗎，你的臉色看起來並不好。」

我恍然大悟，忙回答說：「謝謝你，小夥子。我想，換作是你，在戈壁的大太陽下開上半天的汽車，臉色也會很難看的。」

很顯然，我的回答並不是收銀員想要的答案。他像敲鼓的樣子搖著頭，說：「不，先生，

PART6 學會情緒轉向

肯定的力量

我想你誤會我的意思了。我覺得你的臉色蠟黃，看起來十分嚇人。我想你最好到附近的醫院檢查一下，以免有其他的病症。」

「我才沒有什麼病呢！」我很生氣，拿起找給我零錢摔門而去。怎麼會有這麼沒素質的收銀員呢，我對加油站的服務感到十分氣憤。我一口氣喝掉了整罐的啤酒，肚子裡存留的空氣讓我不斷產生著打嗝的衝動。突然，我感覺到胃裡面翻江倒海似的難受，在我還沒有把頭從搖下的車窗裡面伸出來的時候，就已經不可控制地吐了出來。

「該死！」我咒罵了一句，隨即發動了汽車向著目的地駛去。

然而，不知不覺間，困意逐漸襲來。我迷迷糊糊地把車停在了路邊，然後竟然在半路上睡了過去。不知何時，夜晚的涼意讓我驚醒，我這才發覺自己的愚蠢行為。「我這是怎麼了？」我在心裡面一遍遍地問著自己。

好不容易找到了一家可以入住的旅館，心裡面終於感到輕鬆許多。在廁所裡面，我盯著鏡子裡面的自己仔細地端詳著，突然發現我的臉色真的像收銀員說的一樣蠟黃。我開始變得緊張，莫名的疾病讓我不知所措。接下來我在廁所之中，我一直嘔吐。難道是我的肝臟出了問題，或者是因為天氣的炎熱而讓我的腸胃不能正常工作？不可能，我怎麼會染上某種不知名的怪病呢？越胡思亂想，我就越感到緊張，身上的不適感也就越強烈。

身體的不適讓我也無法安心地開展工作。我匆匆忙忙地處理完事情之後，一刻也沒有停下地開車趕回家。因為我不知道自己身體的疾病到底有多嚴重，我必須儘快回到我的家，讓醫生替我做一個全面檢查。我的妻子和孩子知道我得了絕症之後會怎麼想？天啊，上帝為什麼對我如此殘酷，在我人生和事業的最高峰，卻要用這樣的苦難來懲罰我。

回去的路上，天氣變得涼爽起來，這讓我煩悶的心情有所好轉。我再一次停在了那個加油站。當我買完東西走到櫃檯付錢的時候，前一天的那個收銀員又好也在值班。

「小夥子，我想我得先跟你道歉，因為那天我對你發了脾氣。」我先開口說道，希望可以得到他的諒解，並且還要謝謝他指出了我身體上的異樣。

收銀員顯得很寬容，他笑著說：「先生，你今天的氣色可是比那一天好多了。我從你臉上看到了健康的氣息。」

說者無心聽者有意，難道我在生了一天病之後氣色竟然好轉了？我知道，這絕對不是收銀員的敷衍的話。但是，在我的身體上到底發生了什麼事情呢？

我狐疑地走出便利店。突然，我發現一群工人正在頂樓上撤掉一種蠟黃色的油布。我恍然大悟，原來前一天我的臉色差是因為陽光透過油布而改變了色澤。而現在，陽光透過頂樓的玻璃直射進來，反倒還原了我臉上真實的色彩。

我不禁感到羞愧。我本來就沒有病，完全是一種悲觀的心理在作怪，收銀員的提醒本是好意，但是我卻因為對方的一句話而影響了整整一天的好心情。

其實，比消極更具有力量的是積極的肯定。如果沒有收銀員最後對我的肯定，我現在也許已經躺在醫院的病床上面了。樂觀並不是一種奢侈品，只是我們都忘記了向別人和向自己索取，由此才會被悲觀和消極所侵佔，從而一步步失去自我的領地。

我開車再次行駛在同一片戈壁之中，漸漸落下去的日光灌滿了我的車廂，我在此時才發現，原來陽光就在我觸手可及的距離。

★ 那些都已經過去了

從我們呱呱墜地的那一刻起，生命就在時間之中刻下了各種痕跡。或歡笑或憂愁，或悵然若失，或星光熠熠，但是每一個過去的瞬間都只能代表曾經的某一個時間點。現在還有未來，永遠掌握在我們還未曾去努力的過程之中。所以，告訴自己那都已經是過去了，重新整理裝備，向著太陽升起的方向前進，才能尋到第一道曙光。

很多人覺得，告別過去很困難。因為，過去代表的是曾經的自己和自己的曾經。告別，不僅僅只是說聲再見，更多的是需要我們在面對新生活的時候，去做出一種改變。過去的你是醜陋是善良，但是這些絲毫無法影響你將來會成為一個什麼樣的人。

在美國新澤西州，有一所看似平常的小學。這個班級裡面，二十六張稚嫩的面龐正在殷殷期盼著問題的答案。他們的臉上寫滿的不是童真，更多的是只有歷經生活磨難之後才會呈現出來的愁苦。這些孩子之中，有的吸過毒，有的進過少管所，每一個失足的孩子都是老師和家人心中永遠的痛楚。沒有人會相信他們還有未來，更沒有人願意去為了改變他們的未來而努力。然而，她，一個極為普通的女教師，卻從每一個稚氣未脫的面龐上看到了曙光。

菲拉在眾人的質疑以及好心人的勸阻下接手了這個班級，第一節課，她就要求所有的孩子們都做一道選擇題。菲拉把題目寫在了黑板之上，她讓孩子們從三個選項裡面選擇出一種他們認為將來最有可能改變世界的人。這三個候選人分別是：A.篤信巫醫，有兩個情婦，有多年的吸煙史，並且還嗜酒如命；B.曾經兩次被趕出了辦公室，每天都要睡到中午才會起床，每晚上大概要喝掉一公升的白蘭地酒，而且還有過吸食鴉片的記錄；C.他曾經是一個戰鬥英雄，是整個國家的功臣。他一直保持著良好的生活習慣，不吸煙，偶爾只喝一點啤酒，年輕的時候從來沒有做過違法的事情。

很快，孩子們交出了自己的答案。就像是菲拉預期的一樣，孩子們的答案完全一致。他們全都選擇了C。菲拉笑了笑，掃了一眼二十六雙期待的眼神，她揭曉了答案。A指的是佛蘭克林．羅斯福，他曾經擔任過四屆美國總統；B指的是溫斯頓．邱吉爾，他是英國歷史上最出名的首相。輪到C的時候，菲拉故意賣了一個關子，她讓孩子們說出他們認為可能的人名。每一個孩子都說出了自己的猜想，雖然名稱不盡相同，但是無一例外地都是功勳卓著的國家功臣。菲拉揭曉了答案。C指的是阿道夫．希特勒，臭名昭著的法西斯惡魔。

所有的人都驚呆了。沒有人想到會是這麼一個結果，大家開始議論紛紛。菲拉抓住機會，用充滿了鼓勵和希望的口吻說：「孩子們，你們的人生才剛剛開始。我不在乎你們過去曾經犯過什麼錯誤，但是，請你們記住：那些都已經過去了。不論榮譽還是恥辱，都無法代表現在和將來的你。在這個世界上，沒有一件事情可以代表一個人的一生。所以，孩子們，從現在起，只要你們努力嘗試著去改變自己，那麼在不遠的將來，你們的名字就會出現在我的題目背後。」

「那些都已經過去了！」這一句話在所有孩子們心中留下深刻印象，二十六個孩子的命運在這個時間點發生了改變。他們不再是人見人厭的小惡魔，很多年之後，他們中的絕大多數人

默許傷害
你若任人欺凌，就表示你毫不在意

都獲得了事業和人生上的雙份成功。
這些孩子之中，就有今天華爾街史上最年輕的基金經理人——羅伯特·哈里森！

PART 7 掛起幸福的黃手帕

愛是永恆的主題，持久的構思，多彩的內容。

泰戈爾說：愛是亙古長明的燈塔，它定睛望著風暴卻兀不為動；愛是充實了的生命，正如盛滿了酒的酒杯。

時光終會老去，在朦朧的情感世界裡，總有些東西只可意會不可言傳，於是，彼此選擇用一種並不直接的方式傳遞心中的愛。如果你沒有用心，就一定體會不到對方心中所隱藏的愛情誓言。

★比伯的浪漫小驚喜

比伯正躺在我的身後安穩地睡著。早晨的陽光肆無忌憚地闖了進來，我起身拉上窗簾，以免這些跳躍的陽光分子侵擾他的美夢。我靜靜地看著他隨著呼吸而起伏的胸膛，如此結實且充滿了男人的力量。他翻了一個身，繼續沉沉地睡去。

我起身來到陽臺，看著窗外怡人的熱帶美景，不遠處偶爾傳來一兩聲海鳥的鳴叫。這一切，都在試圖把我的思緒帶回到比伯向我求婚的日子。

那天，本來是個很平常的一天，可是因為比伯的別具匠心，使其具有了悠遠的意義。

我像往常一樣，按時下班，然後開著車穿梭在擁擠的交通之中。本來我打算邀請三五好友一起去吃飯，然後讓自己早一點上床休息。我根本沒有猜想到比伯會向我求婚。在我們熱戀的這段日子裡面，他經常會做出一個令我十分意外和驚訝的舉動，這讓我覺得生活之中好似時時都充滿了激情和夢想。

我對那一天的記憶如同昨天一般清晰。

那是我生日的前一天。在和朋友們狂歡之後，我獨自一人開車回到了家。比伯說他因為工作的關係而不能陪我一起過生日，我微笑著接受了他的道歉。我從來沒有想過比伯會欺騙我，當然，我更沒有想過自己會心甘情願地被欺騙，而且還會被他的謊言感動得淚流滿面。

在我低著頭從包包裡面翻找鑰匙的時候，突然發現在門前臺階上有一捧鮮花。鮮豔的玫瑰

PART7 掛起幸福的黃手帕

比伯的浪漫小驚喜

色染紅了周邊青嫩的小草。我想到這可能是比伯送給我的生日禮物，因為他曾經告訴我會讓人替他送一束鮮花給我。可是，夾在花叢中的卡片上卻只寫了一個字母——H。這讓我百思不得其解。

我手捧鮮花打開房門，心中依然充滿了對比伯的感激。然而，在我打開燈的一瞬間，房間桌子上一捧更大的玫瑰花出現在我眼前。沒錯，是他！如果是他人代送的花，又怎麼能夠擺放在我的桌子上面呢？我輕聲呼叫著比伯的名字，沒有人作答。這一次，我在花叢中又發現了一個只寫有字母的卡片，上面寫的是「A」。我突然意識到，比伯想要和我玩一個猜字謎的遊戲。這讓我情緒高漲起來，我大聲地呼喚比伯的名字，可是依舊沒有聽到任何回音。

這時候，我的狗狗從屋子裡面跑了出來。在它潔白的毛狗上面，布用五色油彩惡作劇般塗上了一個大大的「W」。沒錯，除了比伯還能是誰呢！發現越多的字母，我越是想要知道答案。我急切地在各個房間裡面穿梭著，想要找到更多的線索。

最後，在我的臥室的床上面，我發現了一個精美的盒子。盒子上面有一個很大很大的「A」。怎麼又是一個「A」，我輕皺了一下眉頭。然而，我卻沒有心思去多想，而是選擇了迫不及待地打開那個盒子。天啊！裡面竟然是一套全新的比基尼泳裝。這就是比伯送給我的禮物？我在驚喜之餘，稍稍有一點失落。難道他和我玩這麼複雜的猜字謎遊戲，就只是為了送給我一套比基尼？那麼，我所找到的四個字母又有什麼含義呢？

還有更大的禮物在等著，我對自己說。

然而，我找遍了房間裡面的每一個角落，也沒有發現其他的字母線索。我決定放棄，雖然我對比伯的禮物感到一些失望，但是依舊驚訝於他別具匠心的安排。我回到客廳，泡上了一杯濃濃的咖啡，坐在沙發上開始思念起比伯的模樣。

突然間，他像是天使一般出現在我面前，讓我有一點猝不及防。「親愛的，你為什麼不打開冰箱瞧一瞧呢？」

比伯的話讓我重新燃起了希望。我急忙打開了冰箱，裡面放著一個巧克力蛋糕，在蛋糕的上面寫著兩個「I」。「比伯，我不明白……」

比伯微微笑著，說：「親愛的，連起來拼一下。」

「H-A-W-A-I-I, H-A-W-A-I-I, HAWAII（夏威夷）。」我尖叫起來。

比伯從桌子上的花叢中抽出一朵玫瑰花拿在手中，他單膝下跪對我說：「親愛的，你願意我和一起去夏威夷度蜜月嗎？」

望著比伯深邃的眼睛，我感到自己的語言竟然是如此貧乏，以至於根本找不到可以表達我當時心情的詞彙，只能一遍遍用點頭和微笑來表示我的回答。

而現在，我和我的丈夫正在夏威夷度過一個個美好的日日夜夜。我沉迷在他沉重的呼吸聲和零亂的鬍鬚之中，因為，我永遠無法確定，在他醒過來之後，會有什麼樣的驚喜在等著我去發現。

★被忽略的卡片

在愛情這筆帳上，最後該由誰來買單呢？

當彼此錯過了一瞬，也許就只能錯過一生了。

傑瑞對凱西一見鍾情。凱西身上的一切都是他想要的。凱西太迷人了，在凱西身邊使傑瑞眼花繚亂、雙膝發軟、極度緊張。無論如何，傑瑞想和凱西約會，可是他的內心卻認為自己不夠好，他終於退縮了。他想如果凱西拒絕了他的約會請求，他肯定受不了。因此傑瑞只好和凱西做普通朋友。他時常迪亞打電話給凱西，和她一起參加社團活動，這些都不是傑瑞所希望的，可是這種關係讓他覺得有安全感。他寧願在夢中與心愛的女孩約會，也不敢輕易追求凱西，因為他害怕受傷、害怕失去她。

幾個月過去了，傑瑞還在原地踏步。有一天，他鼓起勇氣告訴凱西：他喜歡她，想和她約會。凱西同意了，這時，傑瑞感到自己是世界上最幸福的人。

傑瑞時刻提醒自己準時赴約。星期五晚上七點，他準時出現在凱西家門口。凱西看起來不怎麼熱情。她擁抱了一下傑瑞，把自己喜歡的一本書送給他。傑瑞道謝之後，把凱西帶到自己車裡，把書放進了後行李箱。他們開車前往曼哈頓，傑瑞計畫先看一齣百老匯歌劇，再共進晚餐。

可是這一晚並不順利，不是因為發生了什麼糟糕的事，而是傑瑞太緊張了。她會喜歡他嗎？他們還有下一次約會嗎？緊張使得傑瑞表現不好，他甚至無法享受與凱西在一起的快樂時光。晚餐後兩人互相道了別，傑瑞垂頭喪氣地回家。他覺得自己肯定給凱西留下了很壞的印象，想到這裡他連呼吸都覺得困難，他越想越覺得難堪，於是決定不再給凱西打電話。

他的恐懼讓他作出了一些自我安慰的預言。

10年時光飛逝而過，傑瑞再也沒有見到凱西。他們約會後的一年，他聽說凱西要結婚了，他心情沉重，好像被掉進了地獄。之後他也交過一些女朋友，可是都不如對凱西那麼動感情。一天，傑瑞的老朋友哈爾給他打電話，哈爾嚴肅地告訴傑瑞：凱西已離開人世了，她患了腦癌，葬禮將在星期二舉行，可是凱西還很年輕。哈爾提醒傑瑞，他手頭有一本書，是傑瑞送給他的，這本書又是凱西和傑瑞第一次約會時送給傑瑞的。

「傑瑞，你有沒有看到書裡夾的一張卡片？」哈爾問。

「什麼卡片？」

「凱西寫給你的。你給我的時候它就夾在書裡面。」

「我從沒看過那本書，上面都寫了什麼？」傑瑞問。

「我覺得好像是很隱私的內容。」

「沒關係，哈爾，就直接念給我聽。」

哈爾打開卡片，念道：「傑瑞，只有今晚約會還是永遠約會？凱西。」

這是一個讓人嗟嘆不已的故事，可它確實是真的。傑瑞永遠也不可能擁有凱西了，因為他

PART7 掛起幸福的黃手帕

被忽略的卡片

認為自己不值得被對方愛，可事實上對方愛他。由於恐懼和不安，他放棄了自己最渴望的一切。

當我多年前讀到這個故事時，我就告訴自己：生命如此短，有愛就要大膽地向對方表達，苦苦地等待，不是對愛的堅貞，而坦率地傾吐，才是有可能享受愛情的前奏。

我也始終相信：幸福的愛情也許只在一念之間，把握與失去，都可能是一輩子了。

★科爾的贖金

好的婚姻其實就像喝醉酒一樣，有一種「醉情」，兩個人在一起就要把握住酒的濃度。

經過幾個月努力，科爾為自己公司研發的又一款新遊戲軟體順利地通過了測試。這是一個令人興奮的消息，他希望在第一時間將這個好消息告訴妻子貝拉。

可是想到妻子，他才想到自己已經有足足半個月沒有回家了。記得昨天貝拉曾打來電話懇求他回去一次，可是當時正是研發的最後關頭，他怎麼能離開呢，於是只好告訴她自己今天一定回去。

這是一棟有花園的豪華別墅，花園的玫瑰獨自綻放著。科爾大聲叫道：「親愛的，我回來了。」可是沒有人回應。科爾覺得奇怪：妻子到底去哪裡了呢？經過客廳的時候，他看見一張紙放在那兒。科爾拿起來念道：「先生，請準備足夠多的贖金到梅勒敦公園來，不可報警！否則你將永遠見不到你的妻子。」

科爾想到了報警，可綁匪的威脅又使他不由自主地放下了電話。

他取出了銀行裡所有的錢，那是用心血和汗水換來的。接著，他來到梅勒公園，公園裡一派安寧祥和的景象。可是此時這一切卻與科爾無緣，他心裡萬分焦急和緊張。他四處張望，可是沒發現一個長得像綁匪的人。

科爾來到了梅勒敦湖邊，那棵熟悉的橡樹依然迎風而立，一張空空的長椅靜默一旁，那是

PART7 掛起幸福的黃手帕

科爾的贖金

他和貝拉多麼熟悉的地方啊。他覺得心一陣陣地揪緊：他的貝拉正是在這裡邂逅和相愛的。

後來他們組成了一個溫馨的小家。閒暇的時候，他們總會牽著手來這裡散步，憧憬幸福的未來。可是，隨著科爾開了自己的公司，工作一天天忙碌起來，他們一起散步的次數也越來越少。此時，科爾孤零零地坐在這兒，想到從前曾經有過的幸福時光和自己後來對妻子的疏忽和冷淡，心裡充滿了悔恨。

就在科爾精神恍惚時，一個交給他一張字條，那個人說是一個陌生人託自己交給他的。等科爾緩過神來，那個人已經走遠。科爾不知道綁匪到底在玩什麼花樣，他急忙拆開，只看到上面寫著：到弗萊理電影院來，買一張正在放映的電影的門票，記住是十排二號位，到時會告訴你交易的地點。你妻子現在很好。

昏暗的電影廳裡很少這裡也曾是他的貝拉經常來的地方。可遺憾的是，他竟想不起上一次帶貝拉來這裡已經距離現在有多久了。記得他有一次曾對妻子許下承諾：等有空了，就帶他到那家有名的紐巴克餐廳去。因為那時他們還很窮，沒有錢去吃。可是等到他們有錢後，儘管貝拉多次懇求科爾也沒能實現就能擁有一切，可現在他領悟到沒有了貝拉的愛情，再多的錢都毫無意義。

科爾含著淚水走出了電影院，他再也看不下去了。這時，門口有一個人又遞給科爾一張紙條。科爾無法忍受了，他抓住那個人的領口，大聲叫道：「你們這群綁匪到底要怎樣？」同時有點憤怒地說：「先生，你誤會了，我可不想綁架你，我只是受一位女士的委託把這個給你而已。」

「女士？」科爾急忙拆開字條，上面寫著：「想見你妻子，帶上贖金到前面的紐巴克餐廳來。」

「贖金？紐巴克餐廳？」一剎那間，科爾恍然大悟。他飛快地向紐巴克餐廳所在的方向跑去。

這時已是華燈初上，透過餐廳柔和的燈光，他看見了一個熟悉的身影。科爾輕輕地走過去，握著貝拉的手說：「對不起，我知道自己錯了。這一次，我以一顆心作為贖金，你能再給我一次機會，讓我贖金回饋你的所有幸福和快樂嗎？」貝拉點了點頭，眼裡閃爍著淚光。

★掛滿橡樹的黃手帕

他們一行共6人：3個小夥子，3個姑娘，正動身去佛州的某海濱小城度假。他們的紙袋裡裝著三明治和酒，在34號街搭上了長途汽車。紐約城陰冷的春天在他們身後悄然隱去。現在，他們渴望著金色的沙灘和滾滾的海浪。

車子經過新澤西時，他們發現車上有個像被「定身法」定住似的人一動不動。他叫溫葛——他坐在這幫年輕人面前，風塵僕僕的臉色像張面罩，叫人猜不透他的真實年齡。他身穿一套不合身的樸素的棕色衣服，手指被煙熏得黃黃的，嘴裡好像在咀嚼著什麼，他坐在那兒，一聲不吭。

在幾天漫長的旅途中，年輕人的熱情終於感染了溫葛，他開始痛苦地、緩緩地對他們說起了自己的人生經歷。這四年他一直在紐約坐牢，而現在他正回家去。

「您有妻子嗎？」

「不知道。」

「怎麼會不知道？」大家都吃了一驚。

「唉，該怎麼跟您說呢？我在牢裡寫信給妻子，對她說：『瑪莎，如果你不能等我，我是理解你的。』我說我將離家很久。要是她無法忍受，要是孩子們經常問她為什麼沒有了爸爸——那會刺痛她的心的。那麼，她可以將我忘卻而另找一個丈夫。真的，她算得上是個好女人，我告訴她不用給我回信，什麼都不用，而她後來也的確沒給我寫回信。三年半了，一直音訊全無。」

「現在你在回家的路上，她也不知道嗎？」

「是這麼回事。」他難為情地說，「上星期，當我確知我將提前出獄時，我寫信告訴她：如果她已改嫁，我能原諒她，不過要是她還是獨身一人，要是她還不厭棄我，那她應該讓我知道。我們一直住在布朗斯威克鎮，就在賈克遜村的前一站。一進鎮，就可以看到一株大橡樹。我告訴她：假如她要我回家，就可以在樹上掛一條黃手帕，假如她不要我回去，那她完全可以忘記此事，見不到黃手帕，我就會直接離開——前面的路還長著呢。」

「呀，原來是這麼回事！」年輕人一時不知該說些什麼才好。

溫葛拿出他妻子和三個孩子的照片給他們看。距布朗斯威克鎮只有20里了，年輕人趕忙坐到右邊靠窗的座位上，等待那大橡樹撲入眼簾。而溫葛害怕，他不敢再向窗外觀望。他重新板起一張木然的臉，似乎正努力使自己在又一次的失望中昂起頭來。只差10里了，5里了，車上一片靜悄悄。

突然，晴天一聲霹靂——青年們一下子都站起身，爆發出一陣歡呼！他們一個個歡喜若狂，手舞足蹈。

只有溫葛不知所措，呆若木雞。那橡樹上掛滿了黃手帕，20條、30條，興許有幾百條吧——好像微風中飄揚著一面面歡迎他的旗幟。在年輕人的歡呼聲中，老囚犯慢慢從座位上站起身，向車門走去，他邁出了回家的步伐，腰杆挺得直直的。

★如果你足夠愛她

詩人裴多菲在歌頌愛情的美好時曾說，我願意是樹，如果你是樹上的花；我願意是花，如果你是露水；我願意是露水，如果你是陽光。

傑克是邦德的朋友。最近他的太太安妮去世了，安妮同癌症苦鬥了8年，最後還是走了。有一天，傑克從錢包裡取出一張折疊的紙條，他說是在家整理抽屜時發現的。那是安妮寫的一封小小的情書，就像小女生在紙上隨後寫的關於夢中男孩的情話，就只差畫一顆心，再寫上兩個人的名字。只是安妮當時不是小女生了，而是一位養育了7個子女的母親，一個與病痛鬥爭、而且將不久於人世的女人。

安妮的情書也說出了幸福婚姻的秘訣。

她在信中稱讚她的丈夫懂得「疼愛、照顧與牽掛。」

儘管傑克凡事都很隨意，但對太太因疾病而起的情緒從不掉以輕心。有時下班回家，看到安妮神情沮喪，他會立刻帶著安妮，去她最喜歡的餐廳吃飯。

「在我病痛時給我幫助。」安妮寫這句話時或許正飽受病痛的折磨，也或許剛剛又一次從死亡的邊緣掙扎出來，憧憬生活又恢復到了她生病之前。

「忍讓我。支持我。總是讚美我。」這幾點對於常常挑剔、批評他人的人尤其是條忠告。

「照顧到我的需要。」

紙的背面又接著寫道：「熱情、幽默、善良、體貼。」然後她說與她相依相伴、她深愛的丈夫「在我需要你的時候，你就會出現在我的身邊」。

她最後的話彷彿說明了一切：「你是我知心的朋友。」

讀完後，邦德問傑克：「和一個人朝夕相處38年，還要加上疾病的煩惱，真是不容易！如果有一天我的太太病了，真不知道我能不能做到一直陪伴她、守護她。」

傑克輕聲說：「如果你足夠愛她，你就能做到。」

恩，確實。我想說，並不是要達到了怎樣的目的，愛才成為愛。無論怎樣的愛都是一份美好、一份結果。而刻在心底的愛，因為無私無欲，因為淡泊憂傷，才會是真正的永恆。

★愚蠢的等待

他選擇了繼續等待。即使女友十分漂亮，並且他們兩人在性格方面也很合得來，可是他覺得自己似乎還需要等待一個更加完美的女孩出現。他們之間從來沒有表白過，女孩一直期望能夠聽到他說的那句「我愛你」，可是他還是選擇了離開她。

儘管他堅信真愛，儘管決定耐心等待，可是在一個人的世界裡面，孤獨總像是揮散不去的陰影一樣時時纏繞著他的內心。他相信，在茫茫人海之中，一定有一個女孩在等待著自己去尋覓。

然而，當初的女孩對他已經付出了真心。即便他選擇了放棄這份愛情，可是女孩卻沒有放棄自己的感情。她也在等待，等待著他回心轉意。後來，女孩因為工作的關係移居到了加拿大。每一年的耶誕節，女孩都會從遙遠的北方飛到紐約來看他。女孩希望有一天能夠用自己的真心再一次打動他，她希望他能夠把自己擁在懷裡面，她希望聽到他發自內心地說出那三個字。可是，女孩的希望總是一次次被他打碎。

他知道自己不曾忘記當初的愛情，或許時間是唯一的解藥，他願意用繼續等待的方式來讓當初的愛情自然死亡。每一年，當女孩千里迢迢飛回來看望自己的時候，他都會想方設法說服身邊的一些女孩來冒充自己的女朋友。在她面前，他和他所謂的女朋友儘量保持極為親密的關係。他想要用這樣的方式來刺激她，讓她知難而退，從而可以去選擇更好的歸宿。女孩在他們面前可以裝出冷靜沉著的樣子，但是在每一次別離之後，女孩都會哭到傷心欲絕。

幾年過去了，每一次他都會換不同的女孩來充當自己的女朋友。當他感覺自己開始厭倦這種遊戲的時候，卻迎來了女孩的最後一次拜訪。那一天晚上，女孩執意要他送走他的「女朋友」之後才離開。等房間裡面僅剩他們兩個時，女孩狠狠地喝下一杯白蘭地。她略帶哭腔地把這些年的感情全都說了出來，她渴望他的同情，她渴望他能夠因為自己的癡心不改而有所動心。然而他依舊沉默地應對著她所有感情的傾瀉，這讓她傷心不已。

終於，在第二年的耶誕節時，她沒有再回來。第三年如此，第四年也是如此。連續三年，他已經不再需要去借女朋友了。他還在等待真愛的出現，某個寒冬的深夜中，他或許會想起遠方的她，只是他們現在彼此之間音信全無。無數次，他曾經按下那個熟悉的電話號碼想要在無聊的晚上找人聊天，可是每一次都是在電話還沒有撥通之前就會匆匆掛斷。

又快到耶誕節了，他一個人穿梭在商店之中，正在考慮應該為自己買什麼樣的禮品。一名他曾經租用過的女朋友叫住了他，儘管他並不樂意用這樣的方式和她不期而遇，但他不得不擺出一副笑臉來回答她的提問。很明顯，她已經看出了他的現狀，並且她還問到了那個加拿大女孩。每一個他租來的女朋友都以為那個加拿大女孩是他真正的愛情，他從來沒有向他們講過自己的故事，儘管這一切都是她們自己的猜測，但是卻深深觸動了他的心弦。

「或許，你應該在平安夜給她打一個電話。這樣，愛情可能就誕生了。」這個女孩對他說。

他微微笑了一下離開了。平安夜，所有的人們都沉浸在節日的歡樂之中。他又一次想起了

默許傷害

你若任人欺凌，就表示你毫不在意

她的笑臉，他終於決定要聽聽她的聲音。國際長途很難撥通，不過在子夜之前，他還是聽到了久違的聲音。當她聽出來是他的時候，聲音瞬間哽咽了起來。他向她訴說了自己這些年的孤單，他說他一直在等待真愛可是卻不明白什麼叫做愛。等他講完之後，女孩告訴他，如果他能在第二天飛到加拿大，那麼他將會見證到他的真愛。

男孩同意了。他覺得自己已經經歷了漫長的等待，現在或許是該選擇放棄的時候了。他買了機票，很快就坐在了北上的飛機中。

當他走出機場的那一刻，遠遠地就看到了女孩站在飄落的小雪之中開心地笑著。她手中，是一束嬌豔欲滴的玫瑰花。

他終於找到了真愛，並且僅用了一次飛行就得到了它。而她，卻因為這份愛在兩個國家的上空飛行了無數次。這時，他才明白自己的等待有多麼愚蠢。或許，他早一天放棄等待，就能夠更早地擁有這份來之不易的真愛。

★蘇珊娜可以自己搭公車了

一次醫療事故，讓原本有一雙明亮雙眸的蘇珊娜從此失去了光明。她是一位女強人，從來不認為自己會成為其他人的負擔。當她被無情地丟進黑暗世界時，蘇珊娜徹底絕望了。她不知道自己在失去了雙眼之後還能夠做什麼，彷彿身邊的一切都與自己變得陌生起來。她經常在半夜驚醒，然後便會莫名地哭泣。

蘇珊娜的丈夫馬克爾是一名軍人。在她最困難的這段日子中，馬克爾明白自己所要做的一切。訓練有素的他明白，要想讓蘇珊娜重新站起來，首要的一個難關就是克服她心裡的障礙。他知道，這將是他遇到的最難以取勝的戰役。

每一天，馬克爾都會安靜地陪在蘇珊娜身邊，給他講述這一天發生的大事小情。他學著烹飪，學著做蘇珊娜最喜歡的飯菜。然而，蘇珊娜需要不斷地進行的手術，馬克爾很快就發現他必須回到工作崗位上，才能夠保證家中有足夠的資金來支付昂貴的手術費用。因此，他極力勸說蘇珊娜也回去工作。

「我是一個盲人啊！」蘇珊娜聲嘶力竭地說，彷彿馬克爾從此就會拋棄她一樣。

馬克爾努力使情緒激動的蘇珊娜平靜下來，他安撫她說：「親愛的，我知道的，我知道這一切對你來說很難辦到。雖然你不能再從事以前的工作了，但是我相信在那裡一定還有更適合你的職位。相信我，好嗎？」

蘇珊娜哭著點了點頭。「可是，我要怎麼樣去上班呢？」

馬克爾想了想，說：「我每天都會把你送到公司，之後我再去工作。」可是，他們兩人上班的地方在城市的兩個不同方向。馬克爾為了使妻子重新振作起來，他告訴自己一定要克服這些困難。

然而，他們所面臨的困難遠遠比之前想像的要強大許多。馬克爾在把蘇珊娜送到公司之後，他還需要穿過擁擠的市中心才能抵達自己上班的地方，如此一來遲到就成了最常見的事情。雖說他們的家境特殊，但是每天都會遲到的馬克爾還是受到了上級的批評。

馬克爾覺得，或許還有另一種方法，那就是讓蘇珊娜學會自己乘公車。剛開始，他依舊得每天陪著蘇珊娜踏上公車，直到把她送到站，遠遠地看著她摸摸索索地走進公司的大門之後，他才會安心離去。這一段時間，馬克爾每天都會告訴蘇珊娜應該如何利用自己的其他感覺去辨別所在地，並且他還讓每一輛公車的司機和蘇珊娜成為了好朋友，以確保她在上車之前能夠有一個預留的空座位。

終於，蘇珊娜迎來了獨自去上班的第一天。

她安靜地坐在靠近司機的位置，仔細聆聽著司機的報站。等她安全地抵達公司的時候，蘇珊娜的心中產生了一陣狂喜和感動。她終於發現，自己並不是別人的累贅，在沒有人幫忙的情況，她依舊可以靠自己的力量去完成很多事情。

這對她來說，是一個巨大的改變和進步。

PART7 掛起幸福的黃手帕

蘇珊娜可以自己搭公車了

星期一、星期二、星期三……蘇珊娜成功地走完了每一天的路程。這一天，當她扶著車門將要下車的時候，突然聽到司機說：「太太，我真羨慕你。」

蘇珊娜感到很驚訝，她好奇地問道：「先生，我不明白，一個盲人有什麼可羨慕的呢？」

司機扶著她走下臺階，眼睛望向將要下車的一個身影，用最溫柔的聲音對她說：「太太，你也許不知道。每一天，都會有一位英俊的紳士陪在你的身邊。在你上下車的時候，他提醒人們要讓你先經過。在你過馬路的時候，他主動幫你攔下要疾駛而過的汽車。一直等他看到你走進公司的大門，他才會站在你的身後送上一個飛吻，然後用最莊嚴的軍禮來向你表示愛意。」

蘇珊娜沒有太明白司機話裡面的意思。

司機為剛下來的那個人讓了一下路，並把他緊緊地拉在身邊。他繼續對蘇珊娜說：「那個人，就是你的丈夫。他一直在你身邊，只是你不曾看見他對你的愛。」

司機說完，馬克爾就上前把蘇珊娜抱在了懷中。她緊緊地抱著自己的丈夫，在他的庇護下，蘇珊娜覺得自己再也不會懼怕黑暗之中的挑戰了。

「讓我自己搭公車吧，我可以的！」蘇珊娜一臉笑容，信心滿滿地說。

★別忘了曾經的諾言

卡蜜拉坐在醫院的走廊之中，看著來來往往的人們，焦急無時無刻不在侵蝕她的內心。丈夫現在正躺在手術室裡面，而她竟然在三個小時之前還為了離婚而和他大喊大叫。當她聽到他摔門而去的聲音時，心中竟然升起了一絲快感。但是，那種感覺很快就被馬路上的碰撞聲扯碎了。

手術室上面的燈已經亮了有兩個多小時了，沒有一個醫生出來告訴我丈夫的傷勢到底如何。她開始擔心起來，這是她在最近兩年之中第一次這樣擔心他。鄰居們都知道，他們的感情出現了危機。卡蜜拉過膩了平淡的生活，執意要去體驗一種流浪的感覺。她知道，丈夫不會順從她，所以她向他提出了離婚。

如果她知道那兩個字是要用他的生命來承擔的話，她一定會收回他說的話，只是，她希望一切都還不會太晚。

人們經過的腳步聲打亂了卡蜜拉的哭泣，淚水像是不聽話的孩童一般，不經意地流出來。電梯門開了，所有的人都四散而出。透過朦朧的雙眼，卡蜜拉看到一個穿白色衣服的女孩在電梯門口焦急地等待著。「可憐的孩子，一定是她的男朋友出事了吧。」

女孩在電梯門口來回走動，恰似藍天中飄過的一抹白雲，一瞬間就吸走了卡蜜拉所有的注意力。她看到她挪動的步履輕盈而不失穩健，飄起的裙角如同輕舞一般，我顧盼的眼神中流露出些許的慌張，她甚至看到了她那滿是渴望但是卻遍尋不到目標的內心正在急切地呼喚。

有一瞬間，她似乎回到了和丈夫第一次約會的時刻。那時的她，應該也如同眼前的這個女孩一般一半羞澀一半期待吧。那時，丈夫英俊的臉頰上總是會不自覺地長出幾根小胡渣，她還特意用第一個月的工資為他買了一個電動剃鬚刀。現在回想起來，那時候的日子雖然心酸，但卻並不苦澀。

突然，女孩像是找到了自己的目標，她的眼中透露出了幾分歡喜。一個男孩從旁邊重症監護室的方向走過來，見到女孩之後，遠遠地就向她打了一聲招呼。可以看出來，兩個人應該是第一次見面，彼此臉上都寫滿了羞澀。男孩好像一直為了某事而道歉，而女孩則始終滿臉的笑意，並沒有埋怨。

卡蜜拉側起耳朵傾聽，才大概明白了兩個人之間談話的意圖。他們果真是第一次見面，然而，男孩在早上將要出門的時候他的父親卻突發腦溢血，女孩則在約定了地點苦等了一個多小時。為了能夠見到男孩，她竟然從城市的另一端坐車來到了醫院。雖然沒有浪漫的玫瑰花作為獻禮，但是男孩的真誠還是打動了她。從女孩的口吻中，可以聽出他們繼續發展下去的可能。

僅僅只有短暫的十分鐘，男孩就被身後的護士找去辦理手續。女孩不得已，只好依依不捨地和男孩作別。看著她走進電梯，男孩微微笑著，揮起手和她道別。然而，他的手還沒有放下來，剛剛關上的電梯門就又打開了。女孩跨出來一隻腳，從包包裡拿出一瓶優酪乳，交到男孩手裡面之後，才再一次關上電梯門離去。

看著男孩戀戀不捨的背影，卡蜜拉走過去，輕聲地問他：「你為什麼不送她下去呢？」

男孩笑了笑，臉上依稀可以看出有幾根沒有刮乾淨的胡渣。「她不讓。她說我應該留下來陪父親，你看，她知道我一個早上都沒喝水，就急忙塞給我一瓶優酪乳。」

看到男孩幸福的神情，卡蜜拉那顆倔強的心在瞬間變得柔軟了。手術室的燈還在亮著，她不知道丈夫的手術進行到了什麼程度，但是我她然明白了婚姻的意義。是那個女孩，讓她明白了什麼叫等待和關懷，是男孩臉上的小胡渣讓她想起了曾經甜蜜的時光。如果，上天願意幫助丈夫度過難關的話，她會第一個送上我的關心，在他有生之年，一起在陽光的籠罩下慢慢終老。

這是他們曾經許下的諾言，只是他們都忘記了去完成。現在，當她重新拾起的時候，才明白了這一份愛情的可貴。

PART7 掛起幸福的黃手帕

別忘了曾經的諾言

電子書購買

國家圖書館出版品預行編目資料

情緒轉向，生活中的溫馨故事與心靈醒悟：默許傷害……你若任人欺凌，就表示你毫不在意！/ 林庭峰 著 . -- 第一版 . -- 臺北市：財經錢線文化事業有限公司 , 2023.09
面；　公分
POD 版
ISBN 978-957-680-667-4(平裝)
1.CST: 人生哲學 2.CST: 生活指導
191.9　　112013114

情緒轉向，生活中的溫馨故事與心靈醒悟：默許傷害……你若任人欺凌，就表示你毫不在意！

臉書

作　　者：林庭峰
發 行 人：黃振庭
出 版 者：財經錢線文化事業有限公司
發 行 者：財經錢線文化事業有限公司
E-mail：sonbookservice@gmail.com
粉 絲 頁：https://www.facebook.com/sonbookss/
網　　址：https://sonbook.net/
地　　址：台北市中正區重慶南路一段六十一號八樓 815 室
Rm. 815, 8F., No.61, Sec. 1, Chongqing S. Rd., Zhongzheng Dist., Taipei City 100, Taiwan
電　　話：(02) 2370-3310　　**傳　　真**：(02) 2388-1990
印　　刷：京峯數位服務有限公司
律師顧問：廣華律師事務所 張珮琦律師

定　　價：280 元
發行日期：2023 年 09 月第一版
◎本書以 POD 印製